MANUAL DO HOMEM INFIEL

VÍCTOR CABALLERO ÁLVAREZ

MANUAL DO
homem infiel

PARA QUE SUA PARCEIRA NUNCA DESCUBRA NADA

Tradução
Luís Carlos Cabral

EDITORA BEST SELLER

Rio de Janeiro
2005

CIP-Brasil. Catalogação-na-fonte
Sindicato Nacional dos Editores de Livros, RJ.

C111m   Caballero Álvarez, Víctor
         Manual do homem infiel: para que sua parceira nunca descubra nada/Víctor Caballero Álvarez; tradução Luís Carlos Cabral. – Rio de Janeiro: Best Seller, 2005.

Tradução de: Manual del varón infiel
ISBN 85-7123-956-8

1. Adultério. 2. Homens – Atitudes. 3. Homens – Psicologia. 4. Relações homem-mulher. 5. Esposas. 6. Amantes. I. Título.

04-3485   CDD – 306.73
                                                  CDU – 176.6

Título original mexicano
MANUAL DEL VARÓN INFIEL
Copyright © Víctor Caballero Álvarez, 2003
Publicado inicialmente em 2003 por
Editorial Lectorum, S. A. de C. V., México, D. F.

Capa: Marcelo Martinez
Editoração Eletrônica: DFL

Todos os direitos reservados. Proibida a reprodução,
no todo ou em parte, sem autorização prévia por escrito da editora,
sejam quais forem os meios empregados.

Direitos exclusivos de publicação em língua portuguesa para o Brasil
adquiridos pela
EDITORA BEST SELLER LTDA.
Rua Argentina, 171, parte, São Cristóvão
Rio de Janeiro, RJ – 20921-380
que se reserva a propriedade literária desta tradução

Impresso no Brasil

ISBN 85-7123-956-8

PEDIDOS PELO REEMBOLSO POSTAL
Caixa Postal 23.052 – Rio de Janeiro, RJ – 20922-970

SUMÁRIO

Introdução 9

1. A INFIDELIDADE MASCULINA 11
   Conceito 11
   Causas 12

2. VOCÊ E SUA MULHER (OFICIAL) 19
   Conselhos práticos sobre sua mulher oficial 19

3. A "OUTRA" (AH, ESSA COISA QUE ADOÇA A VIDA!) 25
   Estratégias de sedução 25

4. COMO SEDUZIR AS MULHERES EM SITUAÇÕES COMUNS 27
   Seja cavalheiro 27
   Explore sua atividade ou profissão (a síndrome de James Bond) 29
   Agir com segurança 31
   Observações sobre o perfil ideal do homem sedutor nos dias de hoje 32
   O processo de sedução em marcha — quais são os sinais? 33
   Outros sinais: estou aqui, leia o meu olhar 36
   Análise de caso: que tipo de mulher tenho diante de mim? 38

5. SITUAÇÕES ESPECIAIS PARA A SEDUÇÃO 45
   Os primeiros sintomas: a atitude dela em relação a você 46
   A aproximação dissimulada 47
   Propicie o próximo encontro 50

Pretextos para falar com ela 51
Outros pretextos para reencontros, mesmo na presença da sua mulher 52
Sair com a amante e com a mulher 54
O encontro definitivo: o confronto sentimental 55

6. O INÍCIO DA RELAÇÃO 59
    Temas a considerar 59
    Assuma sua condição de homem casado ou comprometido 60
    Defina o que ela pode esperar (o que será prometido e o que não acontecerá) 62
    Aponte os benefícios de uma relação com você 63
    Planejamento objetivo e calculado: os mecanismos de segurança 64
    No começo, não fale mal da sua mulher 65

7. COMO MANTER A RELAÇÃO EM SEGREDO 67
    Lugares públicos 67
    Ligações para seu telefone celular 67
    Contatos urgentes 68
    Provas fotográficas 68
    Sexo seguro 68
    Provas escritas 69
    Horários insuspeitos 70
    Cuidados com as marcas femininas 70
    Use o mesmo tratamento com as duas 71
    Telefones com memória 71

8. TÉCNICAS PARA EVITAR SER DESCOBERTO 73
    É proibido olhar diretamente 73
    Use os mesmos produtos e artigos pessoais nas duas situações 74
    Mais sobre o telefone celular 75
    Locais de encontro 76

9. Como administrar as suspeitas da sua mulher 83
   Evite a repetição de situações suspeitas 83
   Ser muito solícito aumenta a desconfiança 86
   Mude a natureza da sua relação 87
   Opiniões que refletem uma imagem de fidelidade 88
   Não confie em sua memória, é melhor tomar notas 90
   Dê explicações plausíveis para situações incríveis 91
   Negue sempre olhando nos olhos 93

10. O perfil da amante ideal 95
    Não está procurando um casamento 95
    Não gosta de crianças 97
    Evita, sistematicamente, engravidar 97
    É jovem e inexperiente 98
    Trata-o como você sempre sonhou ou desejou 99
    Procura a proteção de um homem forte 101

11. Como ser infiel à amante 103
    Uma terceira pessoa exige mais cautela 103
    Cuidado com sua primeira amante! 104

12. Quando terminar a relação paralela 107
    Quando ela se torna exigente 108
    Quando ameaça contar tudo 109
    Quando você tem uma nova amante 110
    Quando tenta estratégias inadequadas 111

13. Como terminar a relação paralela 115
    O fim de uma relação em circunstâncias ordinárias e extraordinárias 115
    Três recomendações finais 119

14. Conclusão 123
    O enfoque adotado neste trabalho 123
    Requisitos para a vida adúltera 124
    A infidelidade é um sintoma 125

Introdução

A infidelidade é um fato social que faz parte da relação estabelecida pelas pessoas que formam um casal. A cultura ocidental, hoje hegemônica no mundo, impôs seus valores e princípios, entre os quais está o do "ideal do casal monogâmico".

A história está cheia de grandes heróis, heroínas, líderes, imperadores, rainhas, artistas e intelectuais que tinham o hábito de ter mais de uma relação amorosa. Podemos citar, entre muitos outros, personalidades como os presidentes norte-americanos John F. Kennedy e Bill Clinton, o cantor Frank Sinatra e Gala, a mulher do pintor Salvador Dalí.

A infidelidade não é, nem nunca foi, uma característica exclusiva do sexo masculino, mas, sem dúvida, por razões culturais, morais e outras, a infidelidade feminina tem sido menos explicitada, comentada, tolerada, incentivada, estudada ou assumida.

Em um próximo trabalho, tratarei da infidelidade feminina. Ela é encantadora e muito atraente, principalmente para nós, homens.

O presente trabalho trata exclusivamente da *infidelidade masculina*. Tive o cuidado de não cometer o erro de examinar a questão a partir de um enfoque tipicamente machista. Não era meu objetivo, também, incentivar os homens a serem infiéis. Procurei, simplesmente, encarar a infidelidade masculina como uma realidade e propor padrões de comportamento que permitam viver a experiência dentro dos melhores níveis de segurança. Meu objetivo foi o de ajudar os homens a evitar a tão temida crise provocada pela descoberta de suas vidas paralelas.

Este livro será útil aos homens que queiram manter uma relação paralela sem serem descobertos, ou seja, aqueles que querem evitar que sua mulher (oficial) fique sabendo que são infiéis. Ele não terá a menor utilidade para homens que, por acaso, consciente ou inconscientemente, estão querendo ser flagrados ou descobertos.

Sei que o tema aqui abordado poderá até chegar a estimular os sentimentos mais perversos de alguns leitores, mas quero insistir em uma coisa: este trabalho deve ser encarado com seriedade e rigor.

Ele é o resultado de centenas de horas de entrevistas e da análise de muitos casos de infidelidade masculina. O critério adotado na pesquisa foi o qualitativo. Acreditamos que esta abordagem poderia contribuir com informações mais precisas do que a dos números frios das aproximações estatísticas ou paramétricas.

Os homens infiéis consultados contribuíram com o relato de suas experiências e revelaram táticas usadas para evitar que as suas idas e vindas entre uma mulher e outra(s) fossem descobertas.

A você, estimado leitor, desejo boa sorte nas suas...

Bem, a todos digo obrigado, muito obrigado.

1
A INFIDELIDADE MASCULINA

Conceito

Em primeiro lugar, gostaria de expor algumas idéias a respeito do que será considerado, ao longo deste livro, "infidelidade masculina".

O homem infiel é aquele que tem uma amiga, noiva, namorada, esposa ou mesmo amante com a qual está se relacionando sentimentalmente. E, casado ou não com ela, procura ou aceita a companhia (sentimental ou sexual, ocasional ou permanente, remunerada ou gratuita) de outra ou de outras mulheres e passa a viver uma vida dupla (ou tripla): a "oficial"[1] e a(s) outra(s). Ou seja: estaremos diante de um caso de infidelidade sempre que uma outra mulher aparecer no espaço existencial de um homem que tenha uma relação estável com uma mulher.

A própria palavra infidelidade sugere um ideal de relação de casal: remete à exclusividade de um vínculo, à monogamia. Esta tradição — como já foi observado — é própria

---

[1] Como se vê, foram excluídas desta definição as relações homossexuais, nas quais, certamente, também pode (e costuma) haver infidelidade. Este estudo se limita ao exame específico das relações heterossexuais.

da cultura ocidental. Existe um grande número de culturas — umas mais difundidas e conhecidas do que outras — que incentiva a poligamia e até é sustentada por ela.

Causas

Este tema nos leva, diretamente, ao terreno da polêmica. Há um número muito grande de explicações para os motivos da infidelidade masculina. Apresentamos aqui algumas interpretações biogenéticas, psicológicas e socioeconômicas para o fenômeno.

Biogenéticas: a natureza polígama do macho

Há milhares de anos, na pré-história, a existência dos seres humanos, que ainda viviam em cavernas, era constantemente ameaçada. O frio era muito grande, havia animais selvagens, não era possível evitar nenhum tipo de doença etc. Esses fatores geraram na humanidade daquela época um sentimento extremamente exacerbado de preservação da espécie. Os primeiros grupos humanos foram levados, assim, a se organizar em clãs, nos quais a estrutura social se baseava no que poderemos chamar de "casamentos comunitários" e na prática da poligamia (um homem tinha várias mulheres) e da poliandria (uma mulher tinha vários homens).

Os seres humanos daquela época procuravam, instintivamente, atingir aquilo que para os padrões demográficos atuais seria o equilíbrio entre as taxas de mortalidade (doenças, acidentes e mortes naturais) e de natalidade (gravidez e nascimentos).

Este esquema, reproduzido durante milhares de anos, integrou-se aos códigos genéticos dos seres humanos. Estabeleceu-se, então, inicialmente com meros fins de reprodução e sobrevivência da espécie, uma predisposição natural ou um impulso (presente em ambos os sexos) de se buscar e desejar mais de um companheiro sexual.

O advento da civilização, recente em termos históricos, levou à exacerbação de uma moral cimentada em valores religiosos e instalou, na cultura ocidental, o objetivo ou o ideal monogâmico — ou seja, a noção de fidelidade a uma única pessoa.

Sabemos, no entanto, que a cultura é uma longa construção social. Essa herança atávica está — e continuará — alojada nas características transmitidas de geração em geração como uma tendência herdada. E, de acordo com as leis da hereditariedade, continuará ativa pelos próximos milhares de anos.

Psicológicas: da orientação sexual múltipla à fadiga funcional

Há mais uma coisa a acrescentar à análise das características biológicas das pessoas e da configuração de sua estrutura sexual: não podemos ignorar as valiosas contribuições de Sigmund Freud ao entendimento da sexualidade humana. Uma das conclusões do célebre médico austríaco pode ser resumida na afirmação de que o ser humano tende a dirigir sua atenção e seu interesse sexual a diversos objetos/pessoas.

Perceba que estas conclusões incluem tanto homens quanto mulheres. O fato de que a infidelidade tenha sido ao longo da história um ato reconhecido, aparentemente, como de predominância masculina deve-se a condicionamentos morais e sociais que mulheres das mais diversas culturas tiveram que experimentar e suportar durante séculos para exercer seu papel na comunidade.

É assim que se explica por que a sociedade ocidental (caracterizada por um forte traço patriarcal) assumiu com certa benevolência a infidelidade masculina, mas condenou energicamente a feminina. Não há dúvida, porém, de que do ponto de vista psicológico tanto homens quanto mulheres carregam um potencial de "infidelidade".

Por outro lado, alguns biólogos e psicólogos mais avançados têm usado um conceito interessante: o da "fadiga". Um fenômeno que ocorre quando um tecido ou organismo vivo deixa de ser estimulado ou de reagir a um objeto ou fator externo sempre que entra em contato com ele repetidas vezes. A força do estímulo vai diminuindo gradualmente, mesmo que a intensidade da ação do objeto ou do fator estimulante seja mantida.

Isso significa que para atingir o mesmo estímulo deve-se ir aumentando gradualmente as quantidades ou doses de substâncias ou objetos estimulantes. Esse é o mecanismo que acaba matando muitos viciados em drogas que um dia, para superar a fadiga de seu organismo à ação da droga que consomem, ingerem ou injetam no corpo uma quantidade letal para o organismo (*overdose*).

Um fenômeno parecido acontece com a afetividade humana — com as relações de um casal mais especificamente. Todos os códigos jurídicos, religiosos e até econômicos afirmam que a base, o cimento da sociedade (ocidental), é o casal monógamo. Acontece, porém, que, passados os primeiros tempos da relação de um casal, aqueles do deslumbramento e do entusiasmo iniciais, começa a se instalar lentamente o fenômeno da "fadiga". O homem e/ou a mulher começam a perceber que o entusiasmo em relação ao seu companheiro vai se tornando opaco e transformando-se, primeiramente, em hábito, depois em aborrecimento e, finalmente, em rejeição total.

O problema está no fato de que quando este ciclo é completado os parceiros, provavelmente, já estão casados e ali, diante deles, está o fruto da sua união — os filhos.

Não há dúvida de que será este o momento em que o homem começará a procurar uma relação paralela à oficial, em reação ao desagradável estado de tédio, à monotonia, à rotina e ao que é sempre igual. Pode-se até dizer que essa procura não é nada mais do que um mecanismo de defesa e proteção diante dessas sensações incômodas e uma maneira de se sentir "renovado".

Isso explica por que muitos homens que têm amantes nem sempre desejam substituir a mulher oficial pela paralela. Eles querem, na verdade, viver uma experiência que os alivie das agruras do desgaste produzido pela antiga relação, a qual, também, por força das pressões dos compromissos sociais, jurídicos, morais e religiosos assumidos, são obrigados a continuar suportando.

Socioeconômicas: as características atuais do mundo trabalhista

Uma característica típica do macho é sua inserção no mundo do trabalho. Ou seja, ele está sempre envolvido com alguma ocupação, atividade, empresa ou profissão. Nas últimas décadas, o espaço ocupado pelo trabalho na vida das pessoas tem aumentado consideravelmente, tanto em intensidade de concentração de energia quanto em quantidade de tempo investido.

Os homens têm passado cada vez mais tempo fora de casa, trabalhando no escritório, na fábrica ou em outros postos de trabalho. De maneira geral, chegam tarde em casa, depois de terem passado o dia inteiro envolvidos nos seus afazeres profissionais.

No exercício cotidiano das suas obrigações de trabalho, eles travam contato com mulheres que estão envolvidas em tarefas semelhantes às deles. Assessoras, secretárias, executivas ou chefes, elas dividem cada vez mais o tempo e o espaço de trabalho com os homens. Sabe-se que a atividade profissional é um foco permanente de tensões, frustrações, estresse, desgaste mental e outros fatores emocionais.

Neste ambiente desgastante, homens e mulheres que trabalham juntos vão, aos poucos, se aproximando. Compartilham as tais tensões, apóiam-se mutuamente para superá-las, tornam-se íntimos e quando menos esperam já estão na cama, sem que nunca tivessem pensado ou lutado para isso. É, pelo menos, o que muitos homens afirmam.

O autor destas linhas está comprometido com a realização, no futuro, de um estudo profundo sobre as relações entre homens e mulheres nos locais de trabalho. E já está em condições de afirmar, com base em informações de numerosos artigos, revistas e publicações, que, nos últimos anos, aumentou drasticamente o número de relações estabelecidas entre homens e mulheres nos locais de trabalho.

A respeito das causas da infidelidade masculina, podemos afirmar, sinteticamente, que pelo menos três motivos de natureza distinta levam os homens a serem infiéis: a herança genética, a estrutura psicológica e a orientação sexual múltipla. Eles se somam ao desejo de se proteger da rotina, daquilo que leva ao tédio e ao fastio e das próprias características do mundo do trabalho, que levam os homens a conviver durante muitas horas e a compartilhar experiências de todo tipo com outras mulheres.

Não gostaria de concluir este capítulo sem levar em consideração as prováveis objeções e críticas que os argumentos expostos deverão despertar. Algumas pessoas dirão que exatamente a natureza "civilizada" dos homens de hoje, aliada à racionalidade moral e aos ideais religiosos, deveria ser suficiente para "deter" este potencial determinado pela genética. Ou que aqueles que pensam apenas em sua satisfação e cometem o adultério seguindo seus impulsos em uma tentativa de evitar a rotina e o tédio são egoístas neuróticos. Ou que o fato de as mulheres e homens trabalharem em um mesmo lugar não lhes dá o direito de acabar na cama etc.

Com toda certeza, há homens que nunca foram adúlteros ou nunca foram infiéis às suas esposas ou namoradas, mas isso não quer dizer que, no fundo, eles não desejem intensamente ter uma outra relação ou que não se sintam atraídos por outras mulheres. Negar estas evidências seria cair em um lirismo para o qual já não tenho nem tempo nem energia.

Com base nas observações e estudos realizados, cheguei à conclusão de que o número de homens que em algum momento da sua vida sexual ativa foram infiéis às suas mulheres supera, amplamente, o daqueles que reprimiram seus impulsos.

Não estou interessado em provar que tipo de comportamento é moralmente correto ou incorreto. Não sou um inquisidor e sim um pesquisador da conduta humana que tenta iluminar zonas obscuras que fazem parte de um fenômeno social cada vez mais evidente e freqüente e até agora analisado com pouca seriedade.

2
VOCÊ E SUA MULHER (OFICIAL)

É possível que você tenha uma parceira (amiga, namorada, noiva ou esposa) e (por um motivo qualquer) uma amante ou uma mulher com a qual mantém uma relação paralela.

Se você estiver decidido a manter as duas relações, terá que estar preparado para investir seu tempo, suas atenções e seus esforços para atingir seu objetivo.

Neste capítulo, serão sugeridas várias atitudes, gestos ou iniciativas que precisam ser adotadas em relação à mulher oficial. Só assim será possível ter êxito em um vínculo amoroso duplo.

Conselhos práticos sobre sua mulher oficial

Sua parceira é a que você escolheu oficialmente. Isso significa que ela adquiriu certos direitos (ainda mais se, porventura, a essa altura ela já ostenta a honra de ser a mãe de seus filhos). Assim, se você não está pensando na possibilidade de trocá-la pela sua amante e deseja continuar vivendo ao lado dela, deverá estar disposto a levar em consideração uma série de detalhes. Será necessário adotar precauções imprescindíveis para a construção e a manutenção de um estado de satisfação para ela. A sua mulher oficial precisa se sentir segura a seu respeito e em relação à possibilidade de você ter uma relação extramatrimonial.

Estes detalhes têm o objetivo de fazer com que ela viva em um estado permanente de tranqüilidade. Ela precisa estar segura da sua fidelidade. Não deve suspeitar nunca de nada. Não deve ser levada a viver em estado de suspeita e desconfiança.

A meta principal é transmitir à sua mulher oficial uma mensagem clara e firme, que é muito bem sintetizada pelo título de um dos grandes sucessos do cantor e compositor mexicano nascido em Porto Rico, Luis Miguel: "*Tú o niguna*" (Você ou ninguém).

Essa mensagem pode ser transmitida por meio da adoção de uma série de gestos ou atitudes que comprovem a persistência de uma paixão, que indiquem que seus sentimentos (agonizantes) continuam tão vivos como nos primeiros tempos. Algumas dessas estratégias incluem o seguinte:

a) Presentes

Não deixe de dar pequenos (ou grandes) presentes à sua esposa ou parceira, a exemplo do que fazia, seguramente, nos primeiros tempos da relação. Bombons, chocolates ou uma dúzia de rosas dadas sem um motivo aparente, fora dos dias especiais, transmitirão a ela a sensação de que você continua tão apaixonado e fiel como deve ter sido um dia.

b) Convites para jantar

Desenvolva o hábito de convidar sua esposa a ir a restaurantes elegantes. Leve-a com freqüência a lugares onde os seus melhores amigos possam vê-los. Esta experiência será muito gratificante para ela. Ela se sentirá orgulhosa de estar ao seu lado, de ver que você gosta de assumi-la publicamente, diante de seus conhecidos e do mundo em geral.

c) Fins de semana íntimos

Sempre que for possível, dê um jeito de passar alguns finais de semana sozinho com ela. Vocês têm filhos? Peça, então, a uma pessoa de confiança ou a um parente que fique com eles durante a sua ausência. Seja delicado. Veja como fará bem a ela acordar com o desjejum servido por você na cama. Agrade-a. Prepare você mesmo os alimentos. E não se esqueça de colocar um imprescindível ramo de flores na bandeja do café. Você estará fazendo que ela se sinta como se estivesse em um filme.

d) Aniversários

Você pode estar muito ocupado desfrutando da companhia da sua nova amiguinha ou amante. Mas nunca, jamais, em hipótese alguma se esqueça do aniversário do seu casamento. Este é um pecado que as esposas consideram imperdoável. É ele que dá margem ao surgimento e ao crescimento, em uma velocidade inusitada, das desconfianças e das suspeitas de que há, na verdade, uma terceira pessoa na história.

Se você é um executivo ou um empresário muito ocupado, encarregue a sua assistente ou secretária de comprar uma lembrança. Se isso não for possível ou conveniente (a amante pode ser a própria secretária), faça pedido por telefone. Hoje em dia são muitas as coisas que podem ser compradas assim.

Em último caso, peça a um amigo ou conhecido o favor de fazer a compra por você, mas nunca, em caso algum, deixe de mostrar à sua esposa que você se lembra muito bem da data e que a comemora com o mesmo entusiasmo que ela.

e) Companhia

Por mais entediante, incômodo ou desagradável que isso seja para você, não deixe de acompanhar, de tempos em tempos, sua esposa em algumas compras, de ir ao supermercado ou de fazer um longo passeio só para olhar as vitrines. Isso se você estiver decidido a manter o casamento.[2]

As mulheres apreciam muito essas atividades, e quando elas são realizadas ao lado do homem da sua vida, tornam-se ainda mais estimulantes. São atitudes desse tipo que levam as mulheres a concluir que seu homem é um excelente companheiro.

f) Diálogo

Quando perceber que sua esposa está precisando conversar, dividir idéias e sentimentos, desempenhe o papel de interlocutor. Assim, estará criando um espaço estimulante de diálogo. Ela ficará satisfeita e se sentirá correspondida. E você estará esvaziando a predisposição dela de dar atenção aos inevitáveis mexericos a seu respeito e à sua relação paralela, que seguramente estarão sendo tecidos de alguma maneira (saiba que este momento chegará). Lembre-se: as mulheres precisam conversar com seus parceiros. Isso lhes traz uma sensação de segurança e felicidade. Sempre que for possível, esteja atento a essa característica da personalidade da sua mulher.

---

[2] É claro que o mais saudável para qualquer pessoa seria não permanecer ao lado de alguém com quem não se é feliz. No entanto, estamos conscientes de que não são poucos os casos nos quais, por diversas razões, algumas pessoas optam por obrigar-se a suportar uma relação, mesmo estando plenamente conscientes de que ela não lhes satisfaz.

g) Sexo

Não se esqueça de que sua mulher é uma pessoa de carne e osso. Por isso, é importante para ela que você lhe assegure uma cota de satisfação sexual. Além do mais, você já experimentou como é incrível fazer amor, no mesmo dia, com a mulher e a amante? É uma grande luxúria, não é mesmo?

Se ainda não o fez, aposto que você alguma vez já pensou nisso. Ande, anime-se. Verá que a experiência valerá a pena.

3
A "OUTRA" (AH, ESSA COISA QUE ADOÇA A VIDA!)

Em relação à "outra", parece que há mais o que dizer do que sobre sua mulher ou parceira oficial.

O primeiro ângulo que será interessante analisar tem a ver com o início da relação e as estratégias de sedução utilizadas *ordinariamente* e em *situações especiais*. Vamos apresentar em seguida observações sobre alguns aspectos que devem ser levados em conta desde o início da relação. Explicaremos, também, o que é preciso fazer para conseguir manter o vínculo paralelo com a maior "segurança" possível, uma vez que ele já começou.

Estratégias de sedução

a) Uma observação inicial sobre a sedução

Apesar das feministas recalcitrantes (por sorte há cada vez menos exemplares delas), o homem continua (e continuará) sendo um "caçador" por excelência.

As mulheres que assumem sua feminilidade sem conflitos não apenas aceitam de boa vontade a natureza masculina ativa ou predadora, mas ficam muito felizes quando percebem que são a "presa eleita" pelo macho-caçador. Elas gostam de ser o centro dos esforços de sedução masculinos.

Assim, o processo de sedução é fundamental (pelo que tem de belo e excitante) durante a gestação de um vínculo entre um homem e uma mulher — especialmente se o homem, ou ambos, já estão comprometidos com outras pessoas.

4

COMO SEDUZIR AS MULHERES EM SITUAÇÕES COMUNS

Consideramos comuns as situações em que não é necessário tomar precauções especiais para apostar tudo na sedução de uma mulher que atravessou seu caminho. Elas acontecem quando você está longe de casa, sozinho; quando sua companheira, sua mulher ou seus conhecidos não estão por perto. Você não é obrigado a ter nenhum cuidado especial para evitar que pessoas como as citadas percebam suas ações. Poderá se dedicar a "caçar", tranqüilamente, a presa escolhida.

As estratégias relacionadas a seguir foram testadas pelos nossos entrevistados e demonstraram que são altamente eficientes quando se trata de aproximar-se de uma mulher para seduzi-la.

Seja cavalheiro

O mundo moderno, esgotado, frio, insensível e acelerado, predispõe, em geral, as pessoas a se comportar de maneira pouco gentil e, no caso dos homens, pouco cavalheiresca. A época dourada em que os homens se inclinavam reverentes diante de uma mulher, ofereciam-lhes o braço para atravessar a rua, abriam as portas em um gesto de cortesia e cediam a cadeira em um lugar público foi, infelizmente, se perdendo. E uma das razões disso foi a política malentendida que pretendia estabelecer a "igualdade dos gêneros", coisa que não passa de um confuso e desagradável estado ao qual algumas mulheres arrastaram suas congêneres em nome de um mal chamado feminismo. Na realidade, a igualdade de gêneros é uma coisa a ser defendida quando se trata de direitos sociais e civis, mas em matéria biológica e afetiva (psicológica), os homens e as mulheres não são iguais. De uma maneira natural, elas precisam, entre outras coisas, de um tipo de atenção e de tratamento que é diferente do requerido pelo homem.

A verdade é que a liberação feminina e a história da igualdade dos sexos levaram muitos homens a abandonar práticas que no passado faziam parte da conduta de todo varão que quisesse ser considerado um cavalheiro. E não há dúvida: as mulheres das novas gerações desejam e querem ser alvo dos mesmos gestos de cortesia e de cavalheirismo que seus avôs adotavam tempos atrás para tratar as mulheres da sua época. As suas mães tentaram fazer com que se sentissem culpadas por apreciar este tipo de comportamento, mas não conseguiram convencê-las.

Por isso, uma ferramenta poderosa para atrair, seduzir e conquistar uma mulher pode ser, simplesmente, a cortesia. Experimente. Você verá o impacto que causará quando abrir a porta de uma loja, ajudá-la a entrar no carro, levantar-se para lhe ceder lugar quando estiverem em um lugar muito concorrido, com todas as cadeiras ocupadas, entre outros gestos.

Explore sua atividade ou profissão (a síndrome de James Bond)

De acordo com a teoria da seleção natural de Darwin, os indivíduos mais bem dotados, os mais fortes, são os que sobrevivem. Quando se trata de seres humanos, isso se manifesta de várias maneiras: uma delas se relaciona à dinâmica do estabelecimento das relações de um casal. (É algo que tem a ver com os *critérios* que, assim como nas fêmeas de outras espécies animais, as mulheres adotam para escolher o homem com o qual se acasalarão.)

As mulheres procuram, naturalmente, travar relações com homens interessantes, diferentes e especiais, entre outros aspectos. Essas características diferenciadoras são estabelecidas, muitas vezes, pela atividade exercida pelo homem. Conforme suas características, a profissão pode ser vista pelas mulheres como uma coisa que distingue e destaca o homem do resto de seus congêneres. Ele poderá ser visto como uma pessoa interessante para se ter como marido e provável pai de filhos "mais fortes, que dêem continuidade ao aperfeiçoamento da espécie".

Esse aspecto aparentemente vantajoso da atividade masculina é o que se chama de *síndrome de James Bond*. Nos filmes do Agente 007, as mulheres caem de quatro aos pés do espião valente e esforçado que arrisca a vida nas mais perigosas missões e salva o mundo de um delinqüente malvado ou de um cientista louco.

Mesmo que você não seja tão atraente como os atores que encarnaram James Bond no cinema, talvez possa trabalhar para aparentar que sua atividade ou profissão é semelhante ou tão atraente como a do famoso agente.

Para a sorte dos leitores, não é possível delimitar de maneira clara o espectro de atividades ou profissões que mais seduzem ou excitam as mulheres. Está comprovado que é a forma de representar ou assumir o papel o que literal e imediatamente subjuga uma mulher.

De fato, atualmente as mulheres são fascinadas pelo desempenho dos homens tanto em atividades ou profissões tradicionalmente masculinas — toureiro, lutador de boxe, executivo de empresas ou cirurgião — como naquelas que, por questões demográficas ou de perfil, eram, até pouco tempo, predominantemente femininas, como bailarino, decorador, educador etc.

O que é evidente é que, independentemente da atividade, o requisito para provocar a admiração das mulheres é ter um êxito médio ou grande na profissão. Isto é, alcançar certo grau de reconhecimento, reputação e apreço na tal atividade. As mulheres sempre preferirão um chefe respeitado a um advogado medíocre, obscuro e sem horizontes.

Se o estimado leitor é o tipo de homem que tem se destacado — ainda que medianamente — em seu trabalho, carreira ou profissão, então você tem em suas mãos um recurso importante a ser usado no processo de sedução das mulheres.

Vamos dar o exemplo de um dos nossos entrevistados, um corretor de seguros. Para poder estabelecer contato com mulheres que pudessem ser seduzidas, ele tinha sempre a mão um bem desenhado cartão (aparentemente de negócios), no qual se apresentava como consultor especializado em sinistros.

Quando caminhava pela rua e via uma mulher (bonita) que acabara de sofrer um acidente de trânsito, ele, qual um cavaleiro que arranca a espada da bainha para defender uma jovem donzela, tirava um cartão do bolso e corria rapidamente ao encontro da desafortunada. Depois de uma magnífica apresentação, oferecia-se para assessorá-la (sem compromissos financeiros) e dava um jeito de deixar claro que ela, com a sua ajuda, tomaria todas as providências necessárias para ser ressarcida rapidamente pela companhia de seguros.

Ele acabava, como é evidente, tendo acesso aos números de telefone e aos endereços da casa e do trabalho dela e, após alguns contatos e reuniões, estava levando a dama aos seus aposentos reais.

O segredo de todo o processo era impressionar a "vítima" com seu conhecimento amplo e profundo do ramo do seguro e das exigências burocráticas que as empresas seguradoras fazem aos seus clientes.

Este exemplo ilustra muito bem como determinada profissão ou atividade laboral pode ser um gancho inicial para atrair a curiosidade e despertar o interesse de uma mulher.

Agir com segurança

Já disse que, de maneira geral, os homens perderam a presença imponente, a personalidade e a serenidade, dados da personalidade masculina que impressionavam as mulheres.

Os homens que mesmo nos dias de hoje conseguem manter ou resgatar esses atributos, levam uma grande vantagem sobre os demais no processo de conquista de uma pessoa do gênero feminino. De fato, nada impressiona mais uma mulher do que um homem que demonstra, por meio dos gestos, do andar, das palavras, ser uma pessoa absolutamente segura.

Tente abordar sem rodeios uma mulher desconhecida em uma loja; apresente-se com nome e sobrenome; entregue-lhe seu cartão de negócios, mas, sobretudo, olhe-a nos olhos de modo firme e direto sem deixar de lado um traço de ternura (que, entre outras coisas, é o que toda mulher bonita faz o homem sentir) e esboce um leve sorriso. Neste caso, ao contrário do anterior, já não importa sua profissão ou atividade; o negócio é ir diretamente ao ponto. Segundo nossos entrevistados, dizer, após a apresentação, frases como "Parei para falar com você porque é a mulher mais linda que vi em toda minha vida" ou "Sou uma pessoa que sabe o que quer e sempre esperei pela oportunidade de conhecer uma mulher como você" causarão um forte impacto. É claro que é preciso saber pronunciá-las com a entonação e a postura corporal corretas.

Observações sobre o perfil ideal do homem sedutor nos dias de hoje

Não terminarei este capítulo sem explicitar certas idéias sobre o perfil ideal do homem que quer ser um conquistador bem-sucedido. É necessário fazê-lo para evitar que as estratégias propostas nos três capítulos anteriores sejam mal interpretadas.

Quando mencionei os homens que agem com segurança e afirmativamente com as mulheres, não estava defendendo o modelo tradicional do macho embrutecido estilo Rambo, um personagem que está mais próximo da psicose do que da saúde mental, cujo perfil o impede de revelar qualquer traço de sensibilidade na sua relação com as mulheres. É preciso ter consciência de que as mulheres de hoje precisam encontrar um homem que, de maneira equilibrada logicamente, se permita atitudes como a de dizer "Deite no meu ombro e chore" ou "Hoje estou chateado e quero dividir minha tristeza com você". Estou falando do "novo homem", de uma pessoa que age com segurança e firmeza em determinado momento, mas em outros esbanja tanta sensibilidade diante da parceira que é capaz de comunicar-se com ela por meio de um simples olhar.

A indústria do cinema (com Hollywood à frente) nos ofereceu o mais perfeito exemplo desse tipo de homem: o personagem interpretado por Leonardo Di Caprio na superprodução *Titanic*. O mesmo artista sensível e de rostinho lindo (Jack) que descobre a essência da beleza aninhada em todos os personagens e a retém em seus retratos, adquire a fúria de um tigre quando se trata de proteger a amada da morte certa no naufrágio. Ele se sacrifica e oferece a Rose a única tábua que flutuava ali perto para que ela, montada no pedaço de madeira, fique protegida e não morra congelada. Em síntese, hoje, as mulheres valorizam um homem que seja extremamente másculo, mas que também assuma sua sensibilidade, tornando-se igual a todos os seres humanos. É precisamente esta sensibilidade que funciona como traço de união e comunicação entre ela e seu parceiro.

O processo de sedução em marcha — quais são os sinais?

É provável que uma das perguntas dos leitores seja a seguinte: como fazer para distinguir uma atitude feminina de verdadeira rejeição de um comportamento adotado apenas superficialmente para que seja cumprido o velho rito da resistência inicial, aquele destinado a proteger a mulher da possibilidade de ser considerada "fácil"?

Fazer uma distinção clara entre um comportamento e outro é o grande desafio que se apresenta ao sedutor profissional. Vamos acompanhá-lo passo a passo: você encontra uma mulher atraente na rua, em uma loja, consultório médico onde você tinha um compromisso ou em qualquer outro lugar. Ali está ela, esplêndida, apetecível, **abordável**. Você dá início ao processo, talvez se apresentando ou, então, apenas olhando-a fixamente, sem dizer nada. Como é possível saber se ela está "com vontade de ser seduzida por você"? A resposta está no seu sorriso. Quando uma mulher sorri para você, embora levemente, e mesmo que suas palavras indiquem, aparentemente, que ela o está rejeitando, esteja certo de que ela está com você, de que está interessada. Fique certo de que esta não é, apesar das aparências, uma conclusão simplista. Basta lembrar que o sorriso é um dos gestos de abertura e simpatia mais espontâneos dos seres humanos. Mais do que isso, é um gesto universal de paz. (Você se lembra da cena do rosto do extraterrestre sorrindo quando a porta da nave espacial que acabara de aterrissar no filme *Contatos imediatos de terceiro grau*, de Steven Spielberg, é aberta?)

Esta conclusão deve ser estendida, também, ao campo da comunicação. Os seres vivos e, portanto, também os humanos, usam várias linguagens para se comunicar. E entre elas se destacam a linguagem verbal (ou oral) e a linguagem corporal.

Em certas ocasiões, o que uma mulher talvez aparente "comunicar" por meio da linguagem verbal é uma rejeição ao fato de ter sido abordada ou a recusa a iniciar um contato com um homem absolutamente desconhecido. Frases como "Estou com pressa", "O que lhe importa meu nome" e "Estou esperando uma pessoa" são mensagens (aparentes) enviadas verbalmente. Ela talvez as use para oferecer uma certa resistência e cumprir o protocolo que as mães ensinam a todas as "boas meninas" — o de não ceder facilmente a um processo de conquista no qual se vejam envolvidas.

Mas se, porventura, ao dizer essas frases, a mulher continuar "sorrindo calidamente", então dê como certo que ela deseja seguir adiante.

A partir daí, o seu desafio de sedutor é ir encontrando, de maneira artesanal (como o ladrão de cofres que vai lentamente descobrindo a combinação que o impede de atingir seu objetivo), o caminho para mostrar à mulher eleita que você compreende sua negativa inicial. Apesar da dificuldade inicial, você deve pedir — ainda que este seja apenas um ponto de partida — o número do seu telefone e que ela aceite que você ligue. É necessário deixar claro que este gesto não o levará a achar que ela não é uma "mulher respeitável".

Em certos casos (de preferência quando o processo estiver mais adiantado), ela poderá aceitar um convite para beber alguma coisa em um bar próximo, para que vocês possam se conhecer melhor. Neste caso, também deverá estar presente a mensagem de fundo: aceitar o convite não implicará reconhecer que ela é uma qualquer.

Em suma, em todos os casos e possibilidades, o importante é sempre transmitir à mulher duas mensagens claras e categóricas:

1 — Você aprecia sua cautela e discrição inicial, mas, uma vez cumprido o ritual de qualquer mulher decente, aceitar a abordagem não deteriorará a imagem que você faz dela.
2 — Embora ela tenha externado sinais verbais de uma suposta rejeição ao seu cortejo, o fato irrefutável de que seu sorriso está dizendo "siga adiante" o leva a demonstrar, firmemente, que está disposto a continuar.

Tenha certeza de que essas mensagens, quando enviadas de maneira inteligente e cautelosa a uma mulher, acabarão derrubando as aparentes resistências iniciais e ela aceitará conversar com você.

É necessário insistir que as mensagens devem ser enviadas com inteligência e cautela. Você nunca deve insinuar que descobriu o jogo dela — o da simulação de uma resistência. Nunca cometa o erro petulante (bastante freqüente) de dizer que sabia que ela estava louca para sair com você, embora tentasse dar a impressão de que o rejeitava.

Agindo assim, a única coisa que você conseguirá será ativar as verdadeiras defesas do amor-próprio da pessoa. Ela será forçada a adotar uma postura enérgica negativa, justamente para provar que você estava equivocado. E com isso será perdida uma bela oportunidade de levar a sedução adiante. Por essas razões, é importante agir com cuidado: as mulheres adoram ser seduzidas, mas detestam os cafajestes que se pavoneiam de estar seduzindo-as, sobretudo quando isso é verdade.

Outros sinais: estou aqui, leia o meu olhar

É importante, também, analisar um outro sinal que as mulheres enviam para indicar que desejam ser seduzidas. Trata-se de um que normalmente elas usam quando sentem que o homem que acham atraente não lhes "tenha dado o devido valor". Pode acontecer que uma determinada mulher, da qual você ainda não se aproximou ou não lhe parece suficientemente atraente para motivar seus encantos de sedutor, já o tenha "escolhido" para seduzi-la. É uma situação interessante: por causa das influências e das pressões culturais, sociais e até morais, ainda são raras as mulheres que se animam a assumir abertamente a iniciativa (talvez por medo de serem consideradas fáceis) de se aproximar de um homem com o claro objetivo de iniciar uma relação.

Em vez disso, a maioria delas lança mão de uma estratégia bastante sutil, que embora externamente possa assumir as mais diversas formas, internamente é impregnada de um único objetivo: estabelecer um contato leve, mínimo, para que possa enviar a seguinte mensagem, a única que lhe interessa — eu estou aqui, olhe para mim, me leve em consideração, venha me seduzir.

Como já foi dito, a estratégia para lançar essa mensagem pode assumir as mais diversas formas. Ela esbarra "acidentalmente" em você e os livros que carregava caem no chão. Ela pergunta, inocentemente, se você pode lhe dizer onde fica uma determinada rua. Ela lhe telefona ou até mesmo aparece para conversar pessoalmente sobre assuntos "inocentes" — quer consultá-lo a respeito das matérias que deve estudar para uma prova (se você é professor na universidade), quer perguntar a que horas a excursão vai sair (se vocês são companheiros em um clube de alpinistas) ou saber quando poderia despachar aquela encomenda tão importante (se você é um fornecedor e ela sua cliente). As possibilidades são infinitas, mas esteja atento. Procure o seu olhar, examine-a, investigue-a, ponha-a debaixo de um microscópio e a analise: o que dizem seus olhos? Por acaso estão chamando sutil ou abertamente por você?

Se prestar atenção nesse detalhe, você descobrirá, surpreso, que são muitas as mulheres que você ignorou ou não pensou em seduzir que estão quase implorando pela sua atenção com olhares. Como você nem havia percebido a sua existência, elas foram obrigadas a criar situações que propiciassem um primeiro encontro, aparentemente bastante "inocente". Terá chegado, então, o momento de fazer sua opção pessoal. Você precisará decidir se aceitará ou não o convite. Em caso positivo, terá que dar início ao processo de sedução que deve ser conduzido por todo homem que se considere um sedutor profissional.

Isso será possível assim que você puder interpretar corretamente o significado de certos esforços feitos pela mulher para estabelecer um contato ou iniciar um diálogo com você. E será necessário analisar profundamente a mensagem que está escondida em seus olhos.

Vale lembrar que você não deve alimentar fantasias ilusórias e pouco realistas de que é um sedutor irresistível, um cara que literalmente enlouquece todas as mulheres que passam na sua frente. No entanto, é importante saber e admitir que, entre as mulheres, sempre haverá uma (ou mais de uma) que estará suspirando por você e resolverá (por você) que vale a pena vocês se conhecerem mais a fundo. Este fato a levará a inventar, sutilmente, uma situação que permitirá que vocês comecem a se conhecer. Vá adiante. Fique atento à oportunidade e aproveite-a da melhor forma possível.

Análise de caso: que tipo de mulher tenho diante de mim?

Depois do primeiro contato e da aproximação inicial, incentivada talvez pelo sorriso ou pelo olhar sugestivo da mulher, você deve fazer algo muito importante — avaliar que tipo de pessoa é esta que está na sua frente e qual é a "velocidade" a ser usada no processo de sedução. Este diagnóstico é fundamental. Se você não adequar a sua velocidade de sedutor às características da mulher, é pouco provável que venha a ser bem-sucedido. Pelo contrário, os resultados até poderão ser desagradáveis para você. Quando se trata da velocidade que pode ser usada em um processo de sedução, é possível identificar os seguintes tipos de mulher.

A mulher *agora*

É o tipo de mulher desinibida e liberada, acostumada a ir diretamente para a cama com um homem por pura química, logo no primeiro encontro. É uma pessoa que não reprime seus impulsos sexuais nem sente culpa por admitir abertamente a um homem que quer ser possuída imediatamente. Há o exemplo de um alto executivo corporativo que por volta das dez horas de uma determinada manhã estava recebendo em seu escritório candidatas a uma vaga de secretária. Ele deveria entrevistá-las rapidamente, pois precisava tomar logo uma decisão.

O lugar onde as entrevistas seriam realizadas era uma sala de reunião. As pessoas entravam e caminhavam até a ampla mesa à qual o executivo estava sentado. O trajeto da porta até a mesa era de mais ou menos cinco metros.

Depois de duas entrevistas, entrou na sala uma terceira candidata. No mesmo instante em que pôs os pés naquele ambiente, ela se sentiu inteiramente dominada pelo seu interlocutor. Ficou olhando fixamente para ele e sorriu durante todo o trajeto. E continuou sorrindo ao sentar-se diante dele.

A distância da porta de entrada ao lugar onde a mulher deveria se sentar pareceram quilômetros ao nosso entrevistador. E ele os viveu quase que em câmara lenta. Ela vinha sorrindo. O olhar firme já estampava desejo. E ele acabou contagiado. Apresentaram-se mutuamente, trocaram sorrisos, saudações e perguntas protocolares em um minuto e meio, tempo suficiente para que o executivo, um conhecedor profundo da arte da sedução, se sentisse à vontade para fazer a seguinte pergunta à queima-roupa: "Bem, é evidente que o seu sorriso está dizendo que há uma química poderosa entre nós dois. O que você acha de a gente deixar o escritório e ir para outro lugar? Eu acho que queremos nos conhecer mais intimamente."

O convite sugestivo levou a mulher a sorrir mais uma vez, levantar-se e dar alguns passos em direção à porta, sem dizer uma palavra. Quando estava quase chegando, deu meia-volta e, sorrindo mais abertamente, respondeu: "Espero por você no térreo." E disse isso piscando um olho para seu audacioso interlocutor.

Não é necessário dizer que nosso protagonista não precisou de mais de cinco minutos para cancelar todas as reuniões previstas para o resto do dia e sair correndo até o elevador. Ele voltou ao escritório quase no final da tarde, quando o expediente estava praticamente encerrado. Perceba que todo o processo de sedução levou pouco mais de um minuto para se completar.

É necessário esclarecer aos maldosos que a vaga de secretária foi ocupada por uma outra mulher. É preciso dizer, também, que aquele primeiro encontro sexual levou ao nascimento de uma relação muito ardente, que durou aproximadamente dois anos.

A mulher *abre-te sésamo*

Este tipo de mulher é o que está no degrau seguinte da escala. Ela é desinibida e ardente, mas precisa, para sua tranqüilidade, que o possível interlocutor masculino descubra *o segredo* para conseguir que já no primeiro encontro ela se abra, literalmente, *de norte a sul*.

A chave pode ser, na realidade, uma coisa tão simples quanto o gesto amável de abrir a porta do carro, ajudá-la a carregar seus livros ou acender seu cigarro. Uma palavra pronunciada com o tom de voz e o olhar corretos, ou até mesmo um sorriso terno e silencioso. Ou talvez algum tipo de contato físico aparentemente inocente. O certo é que gestos deste tipo terão sobre ela o mesmo impacto *mágico* que a frase *abre-te sésamo* teve na porta da caverna de Ali Babá e os 40 ladrões.

Um entrevistado contou que, ao encontrar uma mulher desse tipo, era bem-sucedido usando o que chamava de estratégia da massagem. Se o encontro acontecia em um lugar reservado (uma praia deserta ou um escritório fechado ao público por causa do horário avançado), costumava comentar, no meio da conversa, despreocupadamente, que havia estudado fisioterapia. O tema acabava conduzindo a conversa. A certa altura, ele dizia que as massagens no pescoço eram extremamente relaxantes. Pouco depois (e quase imprevisivelmente), nosso depoente ficava em pé atrás da moça e, sutilmente, colocava as mãos em volta do pescoço da vítima e começava a massageá-lo carinhosamente. Se ela se assustasse e oferecesse resistência, ele a tranqüilizava sussurrando no seu ouvido que queria lhe mostrar (inocentemente) como iria se sentir bem, e dava continuidade com delicadeza à sua obra.

Se ela não se opunha, ele avançava, sugerindo à moça que fechasse os olhos e relaxasse completamente. À medida que as mãos avançavam sobre a pele dela, pedia que ela procurasse se conectar aos seus sentimentos e deixasse ser conduzida por eles. Pouco a pouco, a zona percorrida pelas mãos aumentava até que elas envolvessem todo o corpo da moça, que a essa altura já teria superado suas resistências. A frase final do nosso entrevistado foi a seguinte: "Se eu conseguir chegar ao pescoço, ela será minha."

Depois — sim, depois do sexo —, talvez para não deixar de cumprir as regras do manual do comportamento de boa moça que haviam apreendido, as mulheres seduzidas por ele costumavam dizer que estavam surpresas. "Não sei como pude permitir que uma coisa dessas acontecesse. Acho que me deixei levar pelo momento." O que é o mesmo que dizer: "Você descobriu o meu segredo e penetrou na minha caverna."

A mulher *ganhe a minha confiança*

No nível seguinte da nossa tipologia está a mulher que não estará disposta, em nenhuma circunstância, a fazer sexo no primeiro encontro. Seu esquema pessoal exige que ela conheça medianamente o homem que a corteja, mas, depois disso, estará disposta a ceder aos esforços desenvolvidos por ele para levá-la para a cama. Seria, portanto, um erro ter pressa com esse tipo de mulher. Se você é daqueles que só está procurando ou querendo ter uma relação sexual rápida e casual, então não é esse o seu tipo de amante. Procure uma do tipo *agora*.

Este tipo de mulher precisará de pelo menos quatro ou cinco encontros antes de estar preparada. Você deve levá-la para jantar, caminhar na praia ou ao cinema. No decorrer desses contatos, haverá aproximações físicas que irão ficando mais profundas e mais intensas. No começo, vocês caminharão juntos de mãos dadas e depois trocarão beijos carinhosos que logo ficarão ardentes. Lentamente ela irá adquirindo confiança e um dia se entregará por completo. As mulheres desta categoria têm um encanto especial para certos sedutores — aqueles que dizem que "o prazer não está no resultado final (possuir a mulher), mas no processo".

A mulher *banho-maria*

As mulheres desta categoria são radicalmente diferentes das da classe *agora*. É bem possível que, ao conhecer seu interlocutor, elas jamais imaginassem que um dia iriam para a cama com ele. E menos ainda que poderiam converter-se em amantes de um homem casado.

Este tipo de mulher requer muita paciência. É provável que ela tenha recebido uma educação muito rígida. Ou tenha algum tipo de medo ou rejeição ao sexo. Quem sabe ela tenha passado antes pelas mãos de um outro sedutor profissional e se sentiu usada. Mas prepare-se, você precisará investir muitas e muitas horas em conversas analíticas, que deverão considerar o seguinte: é importante que sua presa admita, sem ficar perturbada, que mesmo sendo casado você a atrai, e é necessário assumir essa realidade. Convide-a para conversar abertamente, sem armadilhas ou rodeios. Tente ganhar sua confiança. Procure avançar vários passos em um encontro e recuar outros tantos no seguinte. Pouco a pouco ela irá cedendo. Quando se sentir mais seguro, questione seu sistema de crenças sexuais e a sua visão a respeito do estabelecimento de relações com um homem casado (ou comprometido com outro tipo de parceira).

Confronte-a com aquilo que ela, na verdade, sente. E, finalmente, desafie-a a viver como uma pessoa livre, capaz de escrever sua própria história em vez de seguir as narrativas indicadas pelos outros — ou seja, dirija-a para sua cama. Certas afirmações podem ser muito eficientes, como esta, por exemplo: "A sua resistência em seguir em frente com a nossa relação no fundo não é uma coisa sua. Ela foi implantada em você. É um programa que é acionado sempre que você começa a querer experimentar seus próprios desejos". E termine dizendo: "O pior de tudo é que as pessoas que lhe impuseram essas idéias são as que menos as colocam em prática. Então, você acha que realmente vale a pena levá-las em consideração?"

Este tipo de mulher requer vários meses até entregar sua essência, mas alguns sedutores profissionais também afirmam que quanto mais resistente a presa, mais saborosa é a vitória.

5

SITUAÇÕES ESPECIAIS PARA A SEDUÇÃO

As situações que veremos a seguir acontecem quando você não está sozinho no momento em que conhece e aborda sua presa potencial — está ao lado da esposa, da sogra, dos filhos, da cunhada ou de todos juntos. É necessário ter consciência de que esse tipo de situação é um grande desafio à sua criatividade. Só ela lhe permitirá conquistar sua escolhida — e isso é tudo o que você quer. O mais provável é que ela lhe seja apresentada em uma festa familiar — no noivado de uma de suas primas, por exemplo —, ou apareça em um restaurante em companhia de um de seus cunhados, ou seja a colega de escola da sua sobrinha de 18 anos etc. Não importa como ela chegou a você. A realidade é que o atraiu e, portanto, você resolveu seduzi-la.

Os primeiros sintomas: a atitude dela em relação a você

Assim como nas situações ordinárias, convém tentar diagnosticar como você é visto pela moça que resolveu seduzir. Analise se ela percebe a sua existência. Conversa com você? Procura se aproximar? Sorri quando o vê? Está emitindo sinais de que também se sente atraída? Se as respostas a estas perguntas forem positivas, comece a procurar uma maneira de se aproximar lentamente dela. Ou dê continuidade a um papo que começou quando vocês foram apresentados. Não se esqueça de que, aos olhos dos outros, aparentemente não há motivos aceitáveis para que a conversa continue; vocês estão se encontrando pela primeira vez e não fazem parte de grupos de relacionamento muito próximos.

Na verdade, o que importa não é o tema da conversa. O importante é que vocês troquem algumas palavras, se olhem, se descubram, se cheirem (como acontece nos contatos entre machos e fêmeas de outras espécies animais). E que durante esse processo ela entenda claramente a sua mensagem: você me interessa. É fundamental deixar isso explícito a uma mulher que se deseja seduzir. O sentimento principal que você deve despertar nela é a simpatia. Pense que o fato de estar em uma reunião, seja familiar ou de qualquer outro tipo (com sua mulher e seus parentes, os seus e os dela), fará com que ela tenha necessidade de vencer o sentimento de "culpa" que é despertado de cara, interiormente. Não deixa de ser estranha a idéia de aceitar ser seduzida por um homem que é membro do seu círculo familiar, ou amigo da família. Ela precisará de um contrapeso para suas emoções, algo que amenize o sentimento de culpa que tenderá a fazer com que ela se afaste de você e continue conversando com outros convidados, convertendo o contato inicial em uma simples "conversa que teve com um membro do grupo familiar ou com um amigo da família".

Este contrapeso será, exatamente, o sentimento de agrado ou de simpatia que nos breves momentos da conversa inicial você terá despertado nela. Ele deve ser suficiente para evitar que ela, em vez de fugir, continue conversando ou pelo menos, se isto não for estratégico ou conveniente, aceite voltar a conversar mais tarde, nessa mesma festa.

A aproximação dissimulada

Quando acontecem as chamadas situações especiais (a presença de parentes ou de sua parceira), você deve se aproximar de uma mulher de maneira dissimulada, disfarçada e muito sutil. Isso não significa que não possa ser visto perto dela ou conversando com ela. No entanto, é preciso trabalhar para que a aproximação não desperte suspeitas nem chame a atenção.

Em certo sentido, não há nada de errado em que você fique conversando despretenciosamente com uma mulher que acaba de ser apresentada a você no casamento de uma sobrinha ou no velório de um tio. É comum e bastante provável que uma coisa dessas aconteça entre membros de um mesmo grupo familiar. O que geraria suspeitas seria demonstrar um entusiasmo excessivo pela pessoa que acabou de conhecer e com quem (supostamente) não tem motivos lógicos para manter uma conversa que vá além da troca de amabilidades protocolares corriqueiras. Por isso, seu desafio nesses casos consiste em estabelecer um contato que seja ligeiro, mas que lhe permita conhecer a moça sem despertar suspeitas ou fazer com que as pessoas que os cercam percebam essa aproximação.

As estratégias apresentadas a seguir devem ser levadas em consideração em situações como as descritas, com um público potencialmente ameaçador por perto.

Aproxime-se para conhecê-la

É preciso começar pelo começo, costuma-se dizer. A regra se aplica quando se está seduzindo em uma situação especial. Os dois se olharam e surgiu uma atração primária mútua. O que é necessário para alimentar a emoção incipiente é conhecer-se. E para que isso aconteça, será necessário encontrar a forma mais elegante e inteligente de tê-la por perto naquele encontro ou reunião. Algumas vezes, as circunstâncias são naturalmente favoráveis (sentaram você ao lado dela em um evento que durará duas horas); em outras ocasiões vocês foram colocados em mesas diferentes e distantes, será então necessário criar situações que lhe permitam ir ao encontro dela de tempos em tempos com alguma desculpa. O importante é encontrar a forma mais segura de ter breves encontros e conversar com ela. Em todo esse processo, não se esqueça da estratégia do olhar: fale com os olhos, envie sua mensagem abertamente: eu gosto de você.

Supervisione o ambiente

Convém lembrar que enquanto todo este processo está se desenrolando, é necessário supervisionar paralelamente, com olhar crítico, o que está acontecendo à sua volta. A partir do que já foi mencionado a respeito da linguagem corporal, você deve saber que certas pessoas têm uma alta capacidade de perceber quando um processo de sedução está em andamento diante delas. Até mesmo quando este processo é iniciado em um ambiente aparentemente "inócuo", como uma reunião familiar à qual as pessoas supostamente não foram "para isso". O certo é que você deve estar atento à possibilidade de os outros ficarem analisando seu comportamento sedutor em relação a tal moça. Se perceber que alguém o está observando com muita insistência, interrompa imediatamente o processo e desapareça temporariamente de cena. Esta estratégia é a mesma adotada pelos personagens dos filmes de ação: quando um carro que está perseguindo outro vê que está ameaçado de ser descoberto, entra em uma rua transversal, anda alguns quarteirões, desvia as suspeitas e volta à via principal para recomeçar a perseguição.

Solte cortinas de fumaça

A melhor maneira, então, de evitar os furtivos vigias do seu comportamento sedutor é agir de maneira natural. Você deve andar por todo o espaço da festa, procurar ter contato com um grande número de pessoas (entre as quais a moça a seduzir) e, principalmente, não ignorar a sua mulher (se é que ela também foi ao evento).

Não se preocupe em evitar que ela (a moça a seduzir) o veja ao lado da sua mulher. Se já foi atraída por você, o problema de como adequar esta realidade ao seu desejo será para ela de grande valia no momento certo.

Em resumo, este tópico prescreve que se atue discretamente, ocultando suas aproximações sedutoras atrás de cortinas de fumaça.

A despedida após o primeiro encontro: oportunidade para reforçar sua mensagem

Mesmo já tendo alcançado seu objetivo na primeira aproximação — ter acertado um segundo encontro com a moça, ponto que será detalhado no capítulo seguinte —, aproveite até o último minuto disponível no momento da despedida para enviar novos sinais. Normalmente isso acontece no fim da festa, quando ela, seu acompanhante, você e sua mulher ou todos estão indo embora juntos. A boa educação recomenda que você se despeça cordialmente, agradecendo a companhia e os agradáveis momentos de atenção. Você deve aproveitar a oportunidade de se despedir com *grande deferência* da sua amiga. Haverá oportunidade para uma aproximação física. Será possível beijar ternamente a sua face — e o beijo deve ser todo especial; ela deve senti-lo, mas as pessoas que estiverem por perto não poderão perceber isso. Além do beijo, não se esqueça de escolher as palavras mais lisonjeiras, mas que preencham o requisito de ser socialmente admissíveis. Diga-lhe, por exemplo, que "Foi, realmente, um grande prazer conhecê-la" ou "Muito obrigado por sua agradável companhia". Não incorra no erro de dar muita importância ao fato com frases como "Esperarei ansioso pelo nosso próximo encontro" ou "Você é, sem dúvida, uma pessoa muito especial". Frases como essas, mesmo se não forem pronunciadas com veemência, teriam o efeito de colocar em estado de alerta os ciúmes e as desconfianças latentes dos demais, sobretudo da sua mulher. Se for possível, até procure com o olhar os olhos dela, de preferência quando o carro que o estiver levando esteja começando a se afastar do lugar da reunião. Você ficará surpreso com a insistência com a qual ela também estará observando você se perder na distância.

Propicie o próximo encontro

O resultado da primeira aproximação deve ser um acordo ou compromisso de se reencontrarem em outra ocasião, o que poderá acontecer de várias maneiras e sob os mais diferentes pretextos. Um dos meus entrevistados contou que acertou um encontro com uma amiga de uma prima em cuja festa de casamento se conheceram — o pretexto foi o de emprestar-lhe um livro para o exame universitário que ela faria.

Outro entrevistado ficou de receber em seu escritório, na semana seguinte, uma prima distante de sua noiva — o pretexto foi o de que ela lhe entregaria seu *curriculum*, pois tinha acabado de concluir a universidade e estava procurando emprego.

Um pai de família combinou uma reunião com a (bela) mãe de um colega de escola de um de seus filhos — o pretexto foi o de planejar em segredo a festa do Dia do Professor.

Os truques e pretextos para promover um reencontro com a amante potencial são múltiplos, infinitos. O importante é encontrar o mais adequado e conseguir a confirmação dela antes do final do primeiro encontro.

Pretextos para falar com ela

Além do compromisso de voltarem a se encontrar, você deve encontrar um pretexto inteligente para falar por telefone com a sua próxima vítima entre o primeiro e o segundo encontro programado.

A primeira coisa a ser feita, logicamente, é obter o telefone dela já no primeiro encontro. Você poderá argumentar que precisa dele para alguma eventualidade (caso tenha que cancelar o segundo encontro previsto) ou para confirmar o horário do próprio, já que existe uma dependência de fatores externos, entre outros complicadores. Se não foi possível ou apropriado pedir naquele momento seu número de telefone, tente obtê-lo com algum parente ou membro do grupo familiar dela, com alguma desculpa inteligente. É fundamental telefonar. Este telefonema tem o objetivo de estabelecer um primeiro contato íntimo sem interrupções nem terceiros presentes à sua volta.

Este contato, por mais que não leve a um diálogo profundo e comprometedor, servirá para que ela tenha uma nova oportunidade de experimentar de novo o que sente ao estar em contato com você.

Ficam sob sua responsabilidade a criatividade, palavras ou frases possíveis de serem pronunciadas no diálogo mencionado para agradar e talvez alegrar o dia da moça. O importante é que você lhe envie a seguinte mensagem durante o telefonema: estou pensando em você.

Além da mensagem de fundo, lembre-se de que no início da conversa telefônica você precisará ter uma desculpa brilhante para justificar a chamada. Ainda que ela intua o motivo real do telefonema será, do ponto de vista formal, necessário que você tenha um elegante pretexto para justificar essa aproximação telefônica, sobretudo por que ela poderá muito bem ter resultados imprevistos.

Neste contexto, o desafio é encontrar um excelente argumento para justificar o seu telefonema. O cavalheiro do exemplo anterior que havia prometido emprestar um livro à amiga da prima, telefonou para informar que, além da obra mencionada, dispunha de uma outra sobre o mesmo tema, mas de autor diferente, e também o colocava à disposição. O homem que receberia o currículo da prima da noiva telefonou para explicar com clareza onde ficava o edifício de escritórios em que trabalhava, já que os nomes das ruas haviam "sido trocados há pouco tempo". O pai de família que se reuniria com a mãe do colega do filho para planejar a festa do Dia do Professor telefonou para avisar que se encarregaria de comprar no próprio dia do encontro os produtos necessários. E dizer que o grupo de pais poderia reembolsá-lo mais tarde.

Outros pretextos para reencontros, mesmo na presença da sua mulher

Um traço que distingue as situações anteriores e seus respectivos exemplos é que, em todos estes casos, o segundo encontro não foi combinado na presença da esposa do sedutor nem do marido da seduzida. De certa maneira, isso facilitou o acordo entre o homem e a moça que ele elegera para ser seduzida. Mas também pode acontecer o caso de que você só tenha a alternativa de combinar o segundo encontro na presença da sua mulher ou diante do marido dela. É uma situação que exige, realmente, muita audácia e criatividade.

A questão é que, circunstancialmente, o diálogo entre ambos terá que ser desenvolvido na presença de um ou dos dois cônjuges. Um deles, muito ciumento, poderá não se afastar em nenhum momento. Ou talvez o lugar em que vocês estão não lhes permita ficarem sozinhos — entre outras dificuldades.

Estas situações não constituem, de maneira alguma, obstáculos intransponíveis para os conquistadores profissionais consumarem uma sedução: pelo contrário, elas acabam açulando sua capacidade criativa e levando-os a ultrapassar os limites da ousadia.

O problema é que, nestes casos, se não é possível conversar com ela sem a presença da sua parceira ou do parceiro dela, você terá quer ser muito cauteloso em relação às mensagens emitidas de um para o outro. Será necessário, também, que ambos procurem dar atenção aos seus respectivos pares para que eles não se sintam excluídos da conversa e comecem a alimentar suspeitas.

Finalmente, o desafio consiste em sustentar uma conversa pública (com os cônjuges como eventuais testemunhas) que leve ao mesmo acordo pretendido na situação anterior: acertar o próximo encontro com um motivo inteligente e inocente, que não desperte qualquer tipo de suspeita.

Podemos citar como exemplo o caso de um oftalmologista que acertou com uma amiga da família recebê-la em seu consultório três dias mais tarde para uma revisão de rotina. Ela havia contado, durante a singela conversa, que ultimamente estava sentindo dores de cabeça muito fortes. E o médico se ofereceu para examinar seu caso, garantindo que faria de tudo para que ela não precisasse usar óculos.

Resultado: a atitude foi aprovada pela mulher do médico, presente naquele momento. O marido da "paciente" agradeceu o gesto "altruísta" do doutor.

Outro caso interessante é o de um engenheiro que, preocupado com os exames escolares de seu filho e de um colega seu, acertou com a mãe do menino, diante de seus respectivos cônjuges, que daria aula de matemática aos dois jovens no fim de semana. O colega do filho deveria ir à sua casa, logicamente levado pela mãe. Esta ficaria esperando na sala enquanto os meninos faziam seus exercícios de matemática. Por incrível coincidência, naquele horário a mulher do bondoso instrutor estaria na aula de culinária, uma aula que duraria toda a tarde — e os dois tiveram tempo suficiente para desenvolver conversas mais profundas.

Este tipo de situação é uma fonte de pura adrenalina. Ela deixa os músculos e os nervos tensos, acelera drasticamente o pulso, mas, quando o resultado é positivo, o homem fica cheio de orgulho — na verdade, trata-se de uma graduação na carreira de profissional da sedução.

Sair com a amante e com a mulher

Se a situação anterior lhe pareceu próxima da insanidade, examine uma outra possibilidade: talvez a única alternativa para voltar a ver o objeto do seu desejo tenha de ser quando você ou ambos estiverem acompanhados de seus respectivos pares. A natureza do segundo encontro pode impossibilitar que os adúlteros se encontrem sozinhos, longe dos olhos de seus parceiros. Este segundo encontro poderá ocorrer no aniversário de casamento de um amigo comum ou talvez em um jantar que você ofereça para comemorar o seu próprio aniversário.

Estou tratando, concretamente, de situações em que foi impossível evitar que estivessem presentes ao encontro pessoas ligadas a um ou aos dois grupos. Não importa. De qualquer maneira, é útil que os dois voltem a se encontrar. Este fato favorecerá a continuidade desse belo projeto de reconhecimento de um homem e de uma mulher que sentem atração um pelo outro. É necessário, porém, não se esquecer de que continuam valendo as mesmas recomendações anteriores: deve-se observar o ambiente, agir com cautela para não chamar a atenção e todas as demais. Se não foi possível evitar que este segundo encontro se desse longe da sombra dos parceiros, talvez se consiga marcar um outro, mais livre, para depois. E neste momento talvez você e ela já tenham atingido um certo nível de diálogo que lhes permita falar a respeito da necessidade de se encontrarem a sós em um outro momento. Enquanto este dia não chega, aproveite ao máximo a vigília e divirta-se bastante.

O encontro definitivo: o confronto sentimental

No segundo ou terceiro encontro, momentos decisivos para todo o processo, você e ela se verão sozinhos em algum momento e lugar. Pense na seguinte cena: você chega ao parque onde ficaram de se encontrar; ela já está ali e cumprimenta-o à distância com a mão. À medida que se aproximam, ela vai abrindo um sorriso; é um sorriso belo, seus cabelos são agitados pelo vento e seus olhos estão cheios de desejo. Tudo está pronto para a definição. Você chega, cumprimenta-a com cortesia e deferência (talvez lhe dê um beijo caloroso na face) e senta-se ao seu lado. Depois das primeiras palavras formais sobre o clima e o trânsito, vocês ficam por alguns instantes em silêncio. Você olha para ela, seus olhos se encontram: ela fica séria. É o momento da investida final: é o momento em que o sedutor profissional apresenta o tema de fundo — coloca na mesa a questão da atração recíproca. Nem sempre é fácil de administrar uma situação dessas. É preciso ter muita habilidade verbal para apresentar o tema lentamente, sem que ela se sinta agredida — possibilidade que deve ser levada em conta já que este processo está sendo gestado em meio a uma situação especial (ambos têm amigos e conhecidos em comum). Uma maneira que pode ser usada para se lidar com este tipo de desafio é seguindo uma estratégia sugerida por um dos entrevistados que — segundo seu relato — abordava o tema falando nos seguintes termos: "Olhe, quero lhe dizer que sou uma pessoa que acredita ter uma percepção desenvolvida. Posso ver e sentir muitas coisas que acontecem ao meu redor. Tenho, também, uma capacidade excepcional de perceber a reação das pessoas com as quais tenho que interagir em determinado momento. Nós nos conhecemos (ou nos encontramos) há alguns dias em (citar o lugar ou o evento). Ali começamos a nos conhecer e sinto que, inicialmente, houve uma boa sintonia entre nós dois. (Faça uma pausa, respire fundo e continue a falar.) Acredito também que esta sintonia seguiu seu curso e, a essa altura, você já se transformou em uma pessoa importante para mim. Preciso que você me confirme, com a mais absoluta sinceridade, se isso o que estou sentindo é verdade. Acredito... (e diga isso lenta e cuidadosamente, olhando-a com firmeza nos olhos). Sinto que existe uma atração entre a gente. Creio que... eu... que você gosta de mim."

Pausa para o arremate: "O mais incrível de tudo é que a mesma coisa está acontecendo comigo. (E termine enfaticamente.) Eu gosto muito de você." Depois fique em silêncio.

Esta estratégia — que o nosso entrevistado disse ter utilizado várias vezes — é *infalível* e tem um efeito totalmente comovente sobre a interlocutora. Depois de enviar a mensagem, observe a reação dela. Se ela não der sinais de que vai sair correndo, dirija sua mão lentamente até a dela e procure apertá-la. Se ela não fizer ou disser nada que indique resistência, a conquista já está consumada. Pode tentar beijá-la. Mas se tentar evitar que você pegue na mão dela, não desanime. Trata-se da adoção do consagrado princípio de "não ceder ao primeiro ataque". Tranqüilize-a com suas melhores e mais ternas palavras, enfrente seus sentimentos, incentive-a ser sincera e a permitir se perguntar por que está sentido uma coisa assim e o que gostaria de fazer a respeito. Seja paciente. É um momento delicado para ela. Lembre-se de que há poucos dias você a encontrou quando estava acompanhado de sua mulher e que talvez o marido dela esteja esperando em casa pelo seu retorno. Seja persistente. Atreva-se. Não há nada a perder. O pior que poderá acontecer é ela dizer não; contudo, ela também poderá dizer sim.

6
O INÍCIO DA RELAÇÃO

Temas a considerar

Ela pode ser a sua secretária, uma companheira da universidade ou do trabalho, a balconista de uma loja onde você costuma fazer compras, sua superior ou cliente, não importa.

Vocês se conheceram e desde o primeiro momento ou alguns dias depois de terem se encontrado começaram, sem saber como nem porquê, a se olhar de maneira diferente. Aproximaram-se, trocaram confidências, quiseram estar juntos, desejaram-se mutuamente (como já vimos detalhadamente nos capítulos anteriores). Até que um dia aconteceu. Um encontro em um evento, um convite para sair, para beber alguma coisa, o retorno ao trabalho, uma viagem de trabalho etc. A relidade é que você e ela estão ali, beijando-se apaixonadamente, devorando-se com os olhos, mas sem se atrever, ainda, a atirar-se um nos braços do outro. Não interessa como esta situação aconteceu. O importante é que à margem do processo amoroso que começa a se desenvolver, trazendo a sua (belíssima) corrente de adrenalina, você — homem infiel que não deseja ser descoberto — leve algumas coisas em consideração desde o início do vínculo paralelo.

Assuma sua condição de homem casado ou comprometido

Muitos homens ficam na dúvida se devem contar logo no começo às suas amantes que são casados ou estão comprometidos. Eles temem que essa informação leve a mulher a desistir da relação. Há vários comentários a fazer a respeito disso. O temor inicial costuma levar certos homens a mentir que são solteiros ou divorciados. A mentira é o ponto de partida de um grande problema. O sujeito é condenado a realizar um grande esforço para evitar que a amante descubra a verdade — na realidade, ele é um homem casado. É evidente que esse esforço não poderá ser sustentado ao longo de um prazo maior. E, por isso, é provável que o resultado final seja aquele que se temia, quando descobrir que foi enganada, a amante tenderá a romper a relação.

Às vezes é mesmo impossível evitar a mentira. Um exemplo: você acabou de conhecer a mulher em um bar onde parou para comprar cigarros e ela lhe diz que só dará seu telefone se você disser se é ou não casado. Neste caso, é preciso encontrar o quanto antes o momento mais adequado para revelar a verdade. E talvez isso deva ser feito logo no primeiro encontro.

Diga que, na realidade, você está iniciando ou pensando em iniciar um processo de divórcio ou alguma coisa parecida. Ou, pelo menos, que seu casamento ou compromisso está definitivamente morto já há algum tempo e que esta provável nova relação será uma coisa inteiramente diferente e incomparável.

Não tenha medo de assumir sua condição de homem casado ou comprometido. Na verdade, o mais provável é que ela já saiba ou tenha imaginado isso. E talvez exatamente por isso tenha se sentido atraída por você. Surpreendente? Nada disso. Durante muitos anos, foram utilizados os mais variados critérios para descrever ou classificar as mulheres: a cor do cabelo, a constituição física ou o caráter (simpáticas ou desagradáveis) etc. É possível que tenha chegado a hora de começar a diferenciá-las pelo tipo de homem que preferem, e aí também entram o estado civil ou a situação sentimental: existem mulheres que preferem ter relações com homens casados ou que, pelo menos, não entram em conflito com a idéia de se relacionar com um deles.

Outras dão preferência a homens solteiros ou afirmam (pelo menos da boca para fora) que a idéia de vincular-se sentimentalmente a um homem comprometido com outra mulher as incomoda terrivelmente.

As razões ou motivos do primeiro grupo são extremamente interessantes. Entrevistas feitas com um pequeno grupo de mulheres que assumiram sua condição de amantes de homens comprometidos revelaram o fato de que justamente este atributo — ser um homem casado, uma espécie de fruto proibido — fez com que elas se sentissem particularmente atraídas por eles. Algumas chegaram a assegurar, categoricamente, que se no momento em que conheceram seus amantes eles estivessem solteiros ou separados elas não teriam lhes dado a menor atenção.

Analisar as razões ocultas desse tipo de preferência não faz parte das intenções deste trabalho. É claro que elas existem. Os tratados de psicologia profunda (em especial os de psicanálise) tratam, claramente, dos motivos que estão na raiz das inclinações particulares dessas pessoas. O certo é que muitas mulheres sentem uma atração toda especial por homens casados. Por isso, evite a chateação de ter que resolver se deve usar ou não a aliança de casamento quando está fora de casa. Mesmo que você a tire do dedo, pensando que assim será mais fácil seduzir com eficiência e segurança as mulheres, elas (não se esqueça de que as fêmeas são naturalmente intuitivas) irão saber ou supor que você é casado. Você será traído pelas suas atitudes, sua maneira de tratá-las, sua personalidade ou simplesmente pela sua idade. O mais recomendável seria, até, ostentar a aliança, usá-la como uma espécie de ímã para atrair certo tipo de mulheres. Além do mais, não fique achando que só existe uma categoria de mulher que se sente atraída por homens casados. Elas são de todos os tipos e idades: jovens e bonitas, maduras já não muito atraentes, voluptuosas ou de temperamento frágil, intelectuais, adolescentes inquietas e até simpáticas vovós que ficam em casa tricotando e brincando com os netos, entre outras.

Em síntese, você deve assumir desde o começo a sua condição de homem casado ou comprometido. É provável que a confissão acabe sendo mais uma vantagem do que um empecilho durante o processo de sedução de uma mulher que talvez aceite, em algum momento, tornar-se sua amante.

Defina o que ela pode esperar (o que será prometido e o que não acontecerá)

Outro erro que muitos homens cometem no início de uma relação com uma amante é fazer promessas exageradas que, como eles próprios sabem, não estarão depois dispostos a cumprir. Uma frase como "Vou deixar minha mulher e casar com você", dita sem nenhuma intenção mais sincera em um estágio ainda muito inicial da relação, poderá, mais do que ajudar, ser prejudicial ao longo da história.

É verdade que toda amante sonha com a idéia de ocupar um lugar importante na vida do seu homem — importante o suficiente para que ele abandone a mulher e vá viver com ela. No entanto, também é certo que aquelas que aceitam ter uma relação com um homem casado estão dispostas a dividi-lo com suas mulheres não só no começo, mas provavelmente durante um longo tempo.

Por isso, não tente enganá-las com mentiras piedosas. Elas se sentem mais seguras e tranqüilas quando há uma clara indicação de que o vínculo implicará certos impedimentos e limites, como os de não vê-lo nos fins de semana, tarde da noite ou naqueles momentos do dia que você destina, geralmente, à mulher.

Não se esqueça, também, de mencionar, ainda que isso possa lhe parecer óbvio e desnecessário, todas as coisas positivas que você pode trazer para esta relação e que está de fato disposto a dar continuidade a ela.

Aponte os benefícios de uma relação com você

Conquistar uma amante é como fechar uma venda. É necessário apresentar claramente as qualidades, vantagens e benefícios do produto (você). Não tenha medo de desenvolver todos os seus esforços para impressionar sua presa. Explicite todas as diferenças que existem entre você e os outros homens que andam por aí.

Um entrevistado ilustrou muito bem esta tática ao contar que, no princípio de todas as suas relações paralelas, recorria ao seguinte texto magnífico e vitorioso: "Há coisas que não vou poder lhe dar, mas há coisas que só eu, única e exclusivamente, poderei dar a você. Isso você vai descobrir, pouco a pouco."

Planejamento objetivo e calculado: os mecanismos de segurança

Uma relação paralela é caracterizada pela sua dimensão passional: encontros secretos e a prática de sexo em lugares pouco comuns, entre outras coisas. Não há dúvida de que para desfrutar desses belos momentos com tranqüilidade é necessário entrar, com clareza e objetividade, em um acordo com sua amante a respeito das táticas, mecanismos e ações de segurança que serão necessários adotar para garantir que a relação não seja descoberta (pelo menos enquanto não se desejar o contrário). Isso implica, entre outras coisas, a construção de um consenso em torno de alguns pontos, detalhados a seguir.

Os dias e as horas dos encontros

É óbvio que você deve dormir, habitualmente, em casa, e por isso não será possível que se vejam à noite. Vocês devem se encontrar, normalmente, durante o horário de trabalho ou na hora do almoço, nas tardes das sextas-feiras, na manhã dos sábados etc. Passar uma noite juntos ou viajar em um fim de semana serão acontecimentos excepcionais.

Os pontos de encontro

Será necessário deixar claro que vocês jamais se encontrarão em lugares que um dos dois costuma freqüentar normalmente. Nunca poderão almoçar ou jantar em um restaurante onde possam encontrar pessoas conhecidas — muito menos se ela também for casada. A mesma recomendação serve para lugares noturnos, lojas, cinemas, supermercados. É possível que isso os obrigue a freqüentar lugares de um nível social diferente, mais baixo, do que o daqueles aos quais vocês estão habituados a ir. Uma boa opção são os lugares situados fora da cidade em que vivem.

A forma de tratamento em público

Você e sua amante trabalham no mesmo lugar? Devem, então, evitar um tratamento íntimo durante as reuniões de negócios e diante dos funcionários da empresa, especialmente se na sua organização as pessoas têm o hábito de se tratar com formalidade. O cuidado deve ser redobrado se ela é sua superior ou vice-versa. O procedimento saltaria aos olhos dos demais, que, certamente, estão sempre ligados nesses detalhes. Além do mais, quando vocês estiverem conversando em um clima de grande camaradagem no escritório, preocupem-se sempre com a expressão facial — não há quem não reconheça a diferença que há entre o rosto de pessoas que estão falando de trabalho, das expressões de quem está envolvido ativamente em um processo de sedução.

Quando estiverem andando pelas ruas da cidade em que vivem a caminho de um restaurante, mesmo se estiverem muito longe de lugares conhecidos, nunca fiquem de mãos dadas nem se abracem. É que poderá estar passando por ali, de ônibus ou de carro, um conhecido de um dos dois. Acidentes como este acontecem: contrariando a lógica, um sujeito que não deveria estar naquele lugar naquela hora teve que resolver algum imprevisto e viu vocês passeando lado a lado. Naturalmente, precauções como estas são desnecessárias se vocês estiverem em uma cidade distante ou em outro país.

No começo, não fale mal da sua mulher

Um homem tem vários motivos para tornar-se infiel, mas um deles é o fato de a sua mulher ter alguma característica ou comportamento que o impede de ser totalmente feliz. É possível que ela não satisfaça plenamente seus anseios. Ou tenha transformado o casamento em uma coisa totalmente insuportável. Mesmo assim, ao iniciar uma nova relação, faça o que se espera de qualquer cavalheiro — não fale mal da sua mulher. Sua amante poderá achar que você está mentindo; que, na verdade, você é um homem totalmente feliz com a mulher. Por isso, é recomendável não emitir nenhuma opinião sobre a sua parceira oficial. E depois, não se esqueça de que sua amante também é uma mulher e deve achar que um homem não deve comentar detalhes que possam levar à deterioração da imagem feminina da companheira.

Para todos os efeitos, basta que você diga à amante que não é ou nunca foi feliz no casamento, ou que ele já não o satisfaz totalmente. Uma atitude discreta em relação à sua companheira oficial dará à amante uma sensação de segurança e tranqüilidade. Ela ficará certa de que se vocês chegarem um dia ao rompimento você também será discreto em relação a ela e não sairá por aí a denegri-la, mesmo se tiver motivos.

7

COMO MANTER A RELAÇÃO EM SEGREDO

Lugares públicos

Para que a relação paralela tenha uma vida longa, sua amante deverá estar disposta a aceitar que algumas situações imprevistas sejam administradas de acordo com certas estratégias preestabelecidas. Os detalhes são apresentados em seguida.

Um exemplo: vocês estão em um lugar público (um restaurante ou uma recepção social) e, de repente, chega um conhecido de um dos dois. Será, necessário, então que se afastem fisicamente, para só voltar a se reencontrar quando o risco estiver totalmente afastado, ou seja, quando a pessoa já tiver ido embora. E se ela for ficando, o mais sensato será vocês se retirarem discretamente.

Ligações para seu telefone celular

Vocês estão juntos e o seu telefone celular toca. Sua amante terá que estar disposta a esperar em silêncio completo e total, especialmente se você disser que está sozinho ou que ainda não saiu do escritório. Esta é uma regra muito importante a ser seguida seja qual for o caso, seja quem for a pessoa que estiver ligando, e mais ainda quando a pessoa do outro lado da linha for a própria mulher.

Contatos urgentes

A ligação é urgente. Você deve, literalmente, sair correndo. Neste caso, sua amante não deve retardar sua saída nem ficar reclamando, principalmente se você estiver indo encontrar sua mulher em um hospital, no local de um acidente ou algo parecido.

Provas fotográficas

Você pode estar absolutamente fascinado, totalmente apaixonado pela sua amante, mas nem assim deve lhe dar ou deixar que ela ou outras pessoas tirem fotografias de vocês juntos ou abraçados. É necessário levar em conta que fotografias são as melhores provas da existência de uma relação sentimental. Amanhã, se vocês entrarem em conflito, ela poderá usá-las contra você. Não há nada que possa provar mais cabalmente a uma esposa já desconfiada que um homem é infiel do que fotografias tiradas ao lado de uma outra mulher.

Sexo seguro

Não importa o lugar, a circunstância nem a hora em que você tenha relações sexuais com sua amante: mas, haja o que houver, terá que ser sempre sexo seguro. Ou seja, devem ser tomadas todas as precauções para evitar que ela fique grávida (e mais ainda se você não pretende ser pai pela primeira vez ou de novo).

Ela adota algum método anticoncepcional? Controle, então, sistematicamente, o uso correto. Lembre-se de que uma mulher apaixonada pode, por exemplo, se esquecer, às vezes até sem segundas intenções, de tomar as pílulas anticoncepcionais e ficar grávida por acidente. Na realidade, raramente trata-se disso, mas sim do fato de que uma circunstância não desejada poderá fazer com que você permaneça junto dela... para sempre.

O casal de amantes chegou a um acordo e é você quem usará preservativos? Ótimo, mas faça-o sempre. Mesmo nos momentos da mais intensa paixão, não se deixe levar pelos apelos dela. Ela poderá pedir que deixe de usá-los ao menos uma vez, poderá dizer que não está no período fértil, mas não se deixe levar. É muito perigoso.

Provas escritas

Você gosta de escrever poemas e bilhetes de amor para a amante? Ótimo, mas nunca o faça com sua própria letra. O melhor é escrever no computador. E nunca assine a mensagem com sua letra ou de próprio punho. Em suma, não deixe nada escrito, pois esta é uma prova que poderá ser usada contra você para atestar a existência de uma relação extraconjugal.

Sua amante questionou-o, disse-lhe que os manuscritos têm um valor sentimental maior para ela? Fuja. Diga que sua letra é horrorosa, que você comete muitos erros ortográficos, que precisa do corretor de textos do computador, mas jamais assine uma carta ou um bilhete.

Horários insuspeitos

Habitue-se a encontrar sua amante em horários que não despertarão suspeitas de ninguém, muito menos de sua mulher ou da parceira oficial, em relação à existência de uma possível relação alternativa. Homens que começam a chegar tarde em casa, meio bêbados, com as roupas impregnadas de perfume feminino e o colarinho da camisa manchado de batom são mais escandalosos do que letreiros de néon. Eles parecem estar berrando que há uma outra mulher em suas vidas. Você quer mesmo ocultar seu adultério? Encontre, então, a *outra* nos horários menos comprometedores do dia: a hora do almoço, os intervalos do meio da tarde, as primeiras horas da manhã.

Cuidados com as marcas femininas

Não permita que sua amante use perfume quando for ao seu encontro, principalmente se você sabe de antemão que não tomará banho depois que estiver com ela, pois vocês só almoçarão juntos e não terão relações sexuais. Ela gosta de viver perfumada? Então que se perfume depois que você já tiver ido embora.

É necessário tomar muito cuidado com essa praga chamada batom. Está certo, todo homem gosta de encontrar a mulher bem arrumada e maquilada, mas tenha cuidado com a roupa, principalmente com o colarinho da camisa, que jamais deve exibir sinais do terrível acessório da vaidade feminina. Verifique se o batom da sua amante é daqueles que não deixam marcas (aliás, você mesmo pode comprá-lo) e evitam que os lábios dela fiquem impressos, sem querer, na sua cueca.

Você tomou todas as precauções, mas mesmo assim sua roupa ficou impregnada de perfume? Disfarce o cheiro fumando vários cigarros e cobrindo a roupa de fumaça. Faça-o mesmo que não seja um fumante. Você prefere que sua mulher reclame de que você andou fumando ou prefere que descubra que esteve com outra?

Use o mesmo tratamento com as duas

É provável que sua mulher e sua amante tenham nomes diferentes. Você pode se distrair e chamar, acidentalmente, a primeira pelo nome da segunda. Em psicologia profunda, isso é chamado de ato falho. Estamos lidando aqui com um fato que faz parte da intimidade. Quase ninguém usa os nomes verdadeiros para dirigir-se aos seres queridos. Escolha ou invente, portanto, um mesmo apelido, mote ou palavra especial para chamar as duas: expressões como querida, docinho, meu céu, amor, pequena ou qualquer outra que lhe ocorra.

Você já usa uma palavra especial para se dirigir à sua mulher? Então, quando começar a ter uma relação com outra, use-a, sem constrangimentos, para dirigir-se a ela — e a qualquer outra mulher que entre em sua vida.

Telefones com memória

Telefones celulares. Não armazene o número de sua amante no seu telefone celular. O melhor é memorizá-lo. Mas, se você é incapaz disso, tem uma memória péssima e dificuldade de guardar números e cifras, anote o número dela sob um falso nome masculino bem simples ou um apelido de gênero indeterminado.

É possível evitar que sua mulher fique vasculhando os números armazenados no seu telefone? Faça-o. O seu aparelho permite que você o programe para que só exiba determinados números mediante a digitação prévia de um código de segurança? Programe-o.

Telefones fixos. Nunca dê à sua amante o número de casa nem permita que o procure, mas se, acidental ou deliberadamente, ela tiver acesso a ele, repreenda-a com vigor e proíba-a de ligar para sua casa.

Pagers. Você possui um aparelho de recebimento de recados? Então é preciso ter cuidado com o texto das mensagens enviadas por ela. Vocês precisam entrar em um acordo a respeito das senhas e dos códigos que usarão para se comunicar. Por exemplo: se ela quiser dizer "Eu te amo", deve enviar a frase "Precisamos conversar sobre o contrato" e assinar o nome de alguma empresa; se desejar convidá-lo para um encontro em um lugar e hora determinados, poderá escrever que a reunião a respeito do projeto tal será realizada amanhã, a tal hora e em tal lugar.

É muito importante agir assim. Mesmo quando a sua parceira oficial não tenha o hábito de fazer perguntas diretas que possam despertar suas suspeitas, você ficaria surpreso se soubesse do número de mulheres que investigam, sigilosamente, os aparelhos de comunicação em busca de alguma mensagem que possa revelar infidelidades ou aventuras amorosas de seus maridos. Isso acontece, geralmente, quando eles estão tomando banho ou profundamente adormecidos.

8
TÉCNICAS PARA EVITAR SER DESCOBERTO

As técnicas apresentadas a seguir são recomendadas para a redução das possibilidades de que seus atos de infidelidade sejam descobertos.

É proibido olhar diretamente

Você é uma pessoa muito libidinosa. Tão libidinosa que se sente impelido a olhar dos pés à cabeça toda mulher bonita que passa por você. No entanto, por mais atraente que seja a fêmea, procure se controlar quando sua mulher ou os parentes dela estiverem por perto. Todo cuidado é pouco. Sua mulher pode testar seu grau de interesse por outras apontando ou avisando que uma beldade se aproxima e perguntando-lhe se ela o atrai ou se você a acha bonita. Em casos como este, responda o seguinte: "Sim, ela é bonita, mas você é muito mais. E, além de tudo, minha paixão é você." Procure não deixar claro que outras mulheres o atraem, e menos ainda quando sua mulher estiver a seu lado. É melhor morder a língua, desviar o olhar, mascar um chiclete, fazer qualquer coisa para se distrair, mas jamais revelar que você é um grande mulherengo.

Bem, quando estiver sozinho, permita-se tudo o que quiser: observe com toda a atenção cada avião que passar por perto.

Use os mesmos produtos e artigos pessoais nas duas situações

É provável que você tenha o hábito de encontrar sua amante no apartamento dela ou em um outro, mantido em segredo. Em ambos os casos, você precisa ter o seguinte cuidado: todos os produtos e objetos de uso pessoal devem ser os mesmos que você usa em sua casa — a escova de cabelo, a pasta de dente, os talcos, os cremes para o corpo, os perfumes, as loções pós-barba, o gel para o cabelo, o xampu, enfim, tudo. Isso é recomendado para evitar que sua esposa seja surpreendida pela mudança dos seus cheiros e comece a desconfiar.

Fragrâncias

Você deve usar as mesmas fragrâncias em casa e no lugar onde encontra a sua amante. Trata-se de desodorante, perfume, creme para a pele, talco, gel, xampu ou qualquer outra substância perfumada a qual ela esteja habituada. Mas há um outro detalhe: não é normal nem conveniente que você chegue a seu sacrossanto lar, depois de um dia de trabalho intenso, cheirando a perfume ou fragrância que costuma usar depois de um bom banho.

Escovas

O uso de escovas idênticas para o cabelo é recomendável porque alguns tipos de cabelo são moldados de uma determinada forma quando penteados com um tipo específico de escova. Se este é seu caso e você voltar para casa depois de ter estado com sua amante, um penteado diferente do normal será suficiente para jogar a sua mulher ou companheira no mar das suspeitas.

Tente, então, não chegar em casa com o cabelo molhado depois de ter tomado uma ducha, pois este detalhe disparará, imediatamente, o sinal de alerta de sua esposa.

Sabonetes

Da mesma forma, recomenda-se que depois de ter relações sexuais com sua amante você use sabonetes neutros, que não deixem qualquer tipo de cheiro na pele. Por isso, você e sua amante devem combinar uma coisa com antecipação: se ela quiser presenteá-lo com artigos de higiene pessoal, deve, forçosamente, procurar as mesmas marcas que você usa em sua casa. Se, por acaso, ela resolver comprar artigos com aromas diferentes aos de costume, não os use. Peça desculpas, agradeça o gesto e explique que é para o bem de ambos. É absolutamente inconveniente usá-los.

Mais sobre o telefone celular

Hoje o uso de telefones celulares é muito comum. Portanto, é provável que você tenha um, e talvez um aparelho que permita a configuração de grupos de **números** segundo características comuns (negócios, números pessoais etc.). Se seu telefone é desse tipo, programe o grupo que inclui o número da sua casa e o do celular da sua mulher para que as chamadas não entrem quando você estiver com sua amante e sejam automaticamente armazenadas.

Esta recomendação deve-se ao fato de que é provável que sua amante tenha ciúmes de você. Ela não gostará nem um pouco se você tiver que falar com sua mulher quando estiverem juntos. A estratégia é bem sintetizada pelo ditado que diz que aquilo que os olhos não vêem o coração não sente.

Em relação à sua mulher, você pode se desculpar dizendo que não atendeu o telefonema por que estava em uma reunião de negócios, que parou para comprar cigarros e deixou o telefone no carro, que o ruído do trânsito impediu-o de escutar que o telefone tocava, ou que o aparelho estava guardado na sua pasta, entre muitas outras desculpas.

Locais de encontro

Os lugares onde vocês se encontram normalmente têm que atender a uma série de requisitos de localização e privacidade. As possibilidades incluem tanto um hotel, um motel ou, para sua maior tranqüilidade, um apartamento especialmente alugado. A respeito das duas primeiras alternativas, temos algumas recomendações a fazer.

Hotéis e motéis

É de se esperar que na maioria das vezes você se encontre com sua amante no horário de trabalho. Se vocês costumam ir a um hotel, motel ou coisa parecida, é conveniente que você faça um levantamento prévio daqueles que ficam perto do seu trabalho. Antes de marcar um encontro com sua amante, gaste algumas horas percorrendo a região. Localize com exatidão tais lugares e cronometre com precisão o tempo que você gastará para ir do ninho de amor até seu escritório e sua casa. Esta é uma informação fundamental para casos de emergência.

Você se lembra do filme *Missão impossível* ou de qualquer outro de espionagem? Neles, a delicadeza das missões torna obrigatório que tudo seja matematicamente calculado. O tempo exato que se leva para ir de um lugar a outro faz parte do planejamento estratégico da missão.

No que se refere a você e sua aventura paralela, essas precauções devem ser tomadas para assegurar um minucioso controle de cada detalhe. Em certo sentido, você precisa estar certo de que ninguém (e menos ainda sua mulher) descobrirá seus encontros secretos. Eles fazem parte da sua missão impossível. Além de obter a localização precisa de cada lugar, você terá que escolher, entre as várias opções disponíveis, aquela mais conveniente e discreta de todas no que diz respeito à localização e facilidade de acesso.

Adicionalmente, sugerimos que você não escolha um estabelecimento muito próximo ao seu trabalho, para evitar que funcionários da sua empresa, ao passar casualmente por ali, indo para o almoço ou voltando para casa depois da jornada de trabalho, o vejam entrando em um hotel na companhia da amante.

Sugerimos, finalmente, que você se informe, mesmo pelo telefone, a respeito dos diversos serviços oferecidos pelos estabelecimentos mencionados. Você encontrará uma ampla variedade de opções. Não se trata apenas de preços e horários. Há hotéis e motéis que dispõem de serviços especiais para casais de amantes: decoração erótica, almoço e jantar no quarto, vídeos pornográficos para o aquecimento, transporte privado em um automóvel diferente do seu para a acompanhante, hidromassagem e outros. Alguns até oferecem, em uma especial deferência aos seus clientes, um resumo impresso dos resultados das competições esportivas em geral e dos jogos do campeonato de futebol daquele dia. Esta é uma gentileza muito útil para os homens que dizem em casa que estão indo ao estádio e correm para os braços da amante.

Apartamento

Quando a relação é mais longa, o casal de amantes pode fazer uma opção mais cômoda — alugar um apartamento a ser usado exclusivamente para encontros secretos, eventuais fins de semana e fugas não programadas. Quem sabe, com o tempo, ele não acabará virando a casa da amante? Ela se instalará e passará a viver no apartamento, à espera do dia em que você se divorciará e irá viver com ela em um espaço de tão boas memórias.

Seja como for, existe uma série de aspectos que devem ser levados em consideração quando se quer alugar um apartamento.

Localização. Assim como acontece com os hotéis e motéis, é recomendável que a localização do apartamento a ser alugado para os encontros com a outra esteja em harmonia com o seu local de trabalho ou escritório: ele deve estar encravado em um lugar que lhe permita dar uma fugida na hora do almoço para viver momentos agradáveis com sua amante e voltar sem sobressaltos e a tempo ao trabalho.

O ideal é que o apartamento fique em um lugar de fácil acesso, mas não muito perto do seu trabalho. No entanto, em certos casos, muito especiais, esta regra poderá ser desrespeitada. Há um exemplo relatado por um executivo de uma empresa cujos escritórios ficavam em um edifício muito alto, que tinha seus andares ocupados alternadamente por escritórios e apartamentos residenciais. Havia andares de apartamentos e andares de escritórios. Essa característica permitiu-lhe alugar um apartamento em um outro andar do próprio prédio em que trabalhava. Ali, nossa testemunha costumava encontrar tranqüilamente sua amante, e isso todos os dias, no horário do almoço, sem perda de tempo com traslados. À tarde, estava de volta ao posto de trabalho. Nem precisava sair do edifício; só tinha que subir ou descer alguns andares.

A estratégia adotada por esse homem para não ser flagrado pelos companheiros de trabalho era a de *descer e subir as escadas*, em vez de pegar o elevador usado rotineiramente por todos. Se, por acaso, alguém se oferecia para acompanhá-lo escada abaixo, optava subitamente pelo elevador e, se encontrava algum conhecido na cabine, ia até o térreo e dizia que tinha esquecido algum objeto pessoal no escritório e voltava a subir, dirigindo-se, na realidade, ao andar em que ficava o tal apartamento.

Outro caso é o de um gerente de uma empresa cujos escritórios ficavam em uma zona residencial na qual não existiam edifícios altos, mas quase apenas construções horizontais. O apartamento que o nosso personagem alugara ficava em um prédio muito próximo. Nem precisava usar o carro. Bastava caminhar duas quadras para ir do trabalho ao apartamento, coisa que lhe tomava de três a quatro minutos. O apartamento tinha até um janelão do qual era possível ver grande parte do edifício da empresa, de modo que sabia quando o presidente da companhia estava de volta ao escritório depois do almoço. Era só olhar se ele já havia estacionado o carro no lugar que lhe era reservado.

Quando os colegas perguntavam, ocasionalmente, por que não usava seu automóvel na hora do almoço ou se ficava na empresa depois do meio-dia, pois seu carro não saía do estacionamento, ele respondia que tinha o hábito de comer um sanduíche em um restaurante próximo, no qual ficava alguns minutos para relaxar antes de voltar e retomar a jornada de trabalho.

Esta estratégia permitiu ao nosso entrevistado manter, tranqüilamente, durante dois anos, uma relação paralela, sem nenhum sobressalto. Ninguém ficou sabendo da sua aventura, nem seus companheiros de trabalho e nem sua mulher.

Trâmites de aluguel. Em relação aos trâmites para alugar um apartamento, a sugestão é a de que se lide com o processo dando atenção especial aos detalhes mencionados a seguir.

Instâncias. Opte, sempre, por apartamentos alugados pelos próprios donos em vez daqueles administrados por imobiliárias ou empresas de aluguel de propriedades, que fazem muitas exigências, pedem muitos documentos e cobram comissões que encarecem o aluguel do imóvel. Além do mais, é mais fácil negociar condições e prazos de pagamento, depósitos de garantia e o valor do aluguel mensal diretamente com os proprietários do que com intermediários.

Documentos. Depois de assinar o contrato do apartamento, não leve em hipótese nenhuma para casa qualquer tipo de documento ou recibo relacionado ao aluguel. Estes papéis seriam uma evidência contundente de que você tem uma amante e eles têm credibilidade suficiente para provocar exatamente aquilo que você deseja evitar (pelo menos antes do prazo previsto) — uma grave crise conjugal. Recomenda-se guardá-los em uma pasta confidencial que você mantenha trancada a chave na gaveta de uma escrivaninha de seu escritório. Você pode, até mesmo, colocá-los ao lado de outros arquivos usados normalmente em seu trabalho. Precisará, apenas, etiquetá-los com um nome-chave que só você conheça e que identifique o conteúdo. Não é recomendável deixar esses papéis ao alcance da amante no próprio apartamento porque, assim como as cartas manuscritas ou as fotografias, ela poderá, em algum momento de conflito, usá-los para denunciar à sua mulher a existência de uma relação adúltera.

Chaves. Assim como existem mulheres que checam as mensagens nos *pagers* e celulares dos maridos, há outras que costumam examinar em segredo seus chaveiros à procura de uma chave nova, estranha ou diferente das usuais.

Por isso, recomendamos que as chaves do apartamento fiquem em um molho à parte. Você só deve carregá-las quando estiver se dirigindo a ele. Na volta, deverá guardá-las no fundo de alguma gaveta da escrivaninha do seu escritório. Quando você quiser escapar em um fim de semana, ocasião em que será impossível ter acesso à sua sala, esconda as chaves em um lugar oculto do seu automóvel, mas evite o porta-luvas ou a caixa de ferramentas do porta-malas do carro. A sua mulher poderia, inesperadamente, remexê-la em busca de alguma ferramenta de que necessite para apertar alguma porca do próprio carro ou para fazer algum daqueles consertos domésticos que sempre precisam ser feitos, e aí encontraria as chaves.

Como se observa, aqui também é preciso agir dentro do espírito de uma missão impossível.

Equipamentos e mobília. É necessário ter o mesmo cuidado com os recibos e demais documentos da compra de televisores, aparelhos de som, geladeiras, fogões, máquinas de lavar e secar roupa, pratos, talheres e outros equipamentos e móveis adquiridos para o apartamento. Todos devem ser arquivados na mesma pasta secreta em que você colocou os documentos do aluguel.

Em relação às informações e documentos que serão úteis às oficinas de serviços técnicos que se encarregarão de fazer a manutenção de eletrodomésticos porventura avariados, é recomendável que fiquem em poder da amante, mas devem estar no nome dela (mesmo que seja casada) e não no seu. Em certos casos, ela precisará ser orientada para guardar os documentos emitidos em nome dela em seu próprio arquivo secreto.

9
COMO ADMINISTRAR AS SUSPEITAS DA SUA MULHER

Apesar de todas as precauções, não é possível evitar, inteiramente, que sua mulher acabe suspeitando de você (talvez ela acabe deduzindo por causa da própria psicopatologia). É que às vezes é impossível não deixar certas pistas de que há outras pessoas participando da história. Para essas situações, são feitas aqui algumas sugestões de como agir para driblar com êxito momentos tão amargos do processo de infidelidade.

Evite a repetição de situações suspeitas

Sua mulher descobriu um indício da sua infidelidade. Encontrou uma camisa manchada de batom, ou um fio de cabelo de cor diferente do dela na sua roupa ou na escova de cabelo. Os dois estavam juntos, sua amante telefonou e você teve que falar com ela — ficou nervoso e sua mulher percebeu. Enfim, qualquer que seja a circunstância que você precisou driblar com uma explicação *convincente*, o mais importante é que o incidente não se repita. Ela até poderá perdoá-lo uma vez, dependendo do contexto e da firmeza do seu pedido de desculpas ou das suas explicações, mas o melhor é que o fato não se repita. Qualquer pessoa acharia isso extremamente estranho e incompreensível.

Tome, portanto, no futuro as medidas de segurança necessárias e evite problemas. Em relação às situações que poderão ocorrer, use alguma das seguintes explicações.

Roupa manchada de batom

Diga que ao sair do escritório ou de outro lugar que freqüenta habitualmente (a academia de ginástica, por exemplo), você encontrou uma velha amiga do casal e que, acidentalmente, quando foi saudá-la, coisa que fez com muita afetividade, ela acabou manchando sua roupa.

Reforce o pedido de desculpas dizendo que se quisesse esconder alguma coisa teria se preocupado em apagar a mancha, mas como não havia feito nada de errado... E não se esqueça de tentar convencer a tal amiga a compartilhar com você esta história. É coisa para profissional, mas você poderá lhe dizer que as marcas foram deixadas, em situação semelhante, por outra velha amiga da qual sua mulher morre de ciúmes. E essa foi a razão de você ter usado o nome dela.

Cabelos estranhos na sua roupa
ou na escova de cabelo

Neste caso, você pode argumentar que uma mulher que trabalha no seu escritório pediu para usar sua escova, pois havia esquecido a dela em casa, tinha uma reunião de negócios muito importante e precisava estar bem arrumada. Outra vez: comunique-se, o mais depressa possível (no mesmo dia, é claro) com a pessoa e peça-lhe que se sua esposa consultá-la sobre a veracidade da explicação ela confirme a versão. É evidente que a pessoa que você usar como álibi deverá ser alguém da sua mais absoluta confiança.

Sua amante telefonou quando você estava perto da sua mulher

Em certas ocasiões, conforme a natureza do caso, você não poderá evitar que a sua amante ligue para seu telefone celular por algum motivo sério quando estiver em companhia da sua mulher. É importante que vocês já tenham combinado códigos para indicar que não é possível conversar naquele momento, já que há um batalhão de mouros no seu encalço.

Se, mesmo assim, sua amante insistir e você for obrigado a falar com ela, nunca finja que está falando com um homem. A sua mulher perceberá o subterfúgio pelo volume da voz da pessoa (é possível que vocês estejam deitados na cama e sua mulher esteja muito perto do telefone), por simples intuição ou talvez porque você começou a se comportar com nervosismo e passou a olhar para ela de maneira anormal. Nesses casos, fale com naturalidade, utilize quem sabe o cargo da senhora (doutora, engenheira) e um sobrenome fictício. Procure, também, passar a imagem de que está falando sobre assuntos de trabalho ou de negócios. É desnecessário dizer que sua amante deve estar bem treinada para enfrentar tais circunstâncias e não lhe criar problemas nem fazer uma cena de ciúmes ou algo parecido, nem muito menos esperar que você se dirija a ela da mesma maneira que faz quando vocês conversam na intimidade. Se, por acaso, ela começar a agir inconvenientemente, simule uma despedida, desligue rapidamente e tire o telefone da tomada sem que sua mulher perceba. Não se precipite em explicar a conversa à sua mulher. Só uma pessoa que está com sentimentos de culpa acha que precisa se desculpar. Só dê explicações se ela lhe pedir. Argumente com tranqüilidade e propriedade, olhando sempre nos olhos da sua mulher. Esta sugestão é dada porque muitas vezes somos traídos pela linguagem corporal. Quando mentimos, costumamos não encarar a outra pessoa; ficamos olhando para o chão ou para outro lado qualquer, o que é natural — este é um gesto automático, em cujo mecanismo fisiológico se baseia o funcionamento do detector de mentiras. Por isso, esteja sempre muito atento e evite repetir as mesmas bobagens. E não tente outras.

Ser muito solícito aumenta a desconfiança

Quando a sua mulher demonstrar que está suspeitando de você, o pior que você poderá fazer será agir, da manhã até a noite, de uma maneira totalmente diferente. Este é um comportamento adotado freqüentemente por homens culpados.

É comum o caso de homens infiéis que, normalmente indiferentes em relação às suas mulheres, começam a ter um outro tipo de comportamento quando vêem que suas escapadas estão prestes a ser descobertas. Eles se tornam, imediatamente, bastante solícitos. O sujeito que mal dava bom dia vira, repentinamente, o mais atento e meloso dos maridos. O fervor é tal que a outra pessoa acaba achando tudo aquilo muito estranho e começa a pensar que tinha razão de alimentar suspeitas. Atitudes como estas são adotadas de maneira inconsciente, surgem do sentimento de culpa. Por isso, é importante que você — homem infiel — se observe constantemente e tome as precauções necessárias quando perceber que sua parceira oficial está começando a ficar desconfiada. Mas nunca passe a tratá-la de maneira radicalmente diferente.

Em suma, o lógico seria que sua mulher fosse levada, pelos ataques de ciúmes ou pelas suspeitas que a invadem, a reclamar que você deixou há algum tempo de se preocupar com ela e a cobrar certas atenções, atitudes e gestos de carinho e amor.

No contexto dessas observações, você pode ter lhe prometido que mudaria, ter dito que está arrependido de tê-la desprezado, mas as mudanças prometidas terão que ser executadas gradualmente e não da noite para o dia, algo que só aumentaria as suspeitas da sua esposa.

Mude a natureza da sua relação

Se a situação merecer, se as suspeitas da sua mulher forem muitos intensas e estiverem ameaçando o futuro da relação paralela, considere a possibilidade de mudar radicalmente a política de encontros com sua amante.

Uma das primeiras providências a serem adotadas é a de mudar o horário dos namoros. Sua mulher poderá ter começado a observar atentamente seu comportamento em determinadas horas ou a querer saber o que você tem feito exatamente na hora do almoço, e então você terá que, forçosamente, encontrar um outro horário para ver a amante.

Nesse caso, a outra deverá ser suficientemente flexível e compreensiva para concordar, por exemplo, que vocês se encontrem nas primeiras horas da manhã ou apenas em certos fins de semana. Será, portanto, inevitável sacrificar — em nome da continuidade da relação extramatrimonial com uma boa dose de segurança — a comodidade do antigo esquema de encontros.

Outra mudança a ser feita é no ritmo dos encontros. Vocês tinham o hábito de se ver diariamente ou com muita constância, mas a situação crítica exigirá que passem, pelo menos temporariamente, a estar juntos com menos freqüência, até que as suspeitas desapareçam ou se atenuem.

De acordo com a gravidade da situação, poderá ser necessário, inclusive, que vocês se afastem por algum tempo. Os dois deverão se conformar em só falar por telefone. Em síntese, vocês deverão estar dispostos a tomar as decisões necessárias para dar continuidade ao vínculo extramatrimonial, ainda que isso implique fazer algumas renúncias. Mesmo que provisoriamente.

Opiniões que refletem uma imagem de fidelidade

Há uma outra maneira de o homem infiel contribuir para manter sob controle ou mesmo atenuar as suspeitas de sua mulher. É procurando emitir opiniões corretas quando conversar com ela a respeito da fidelidade dos casais. É comum acontecer que casais do seu relacionamento tenham problemas por causa da infidelidade de um de seus membros (geralmente o homem). Normalmente, quando outras pessoas ficam sabendo do caso, todos passam a fazer os mais variados comentários, na maioria das vezes condenatórios — tendência acentuada quando se trata de mulheres que vêem suas amigas serem traídas pelos maridos.

Não fique espantado se sua mulher aproveitar a situação para lhe apresentar as provas da infidelidade de seu amigo, querendo saber qual é a sua opinião a respeito. Ela estará apenas procurando saber qual seria sua atitude em circunstâncias parecidas. A pergunta é feita mais ou menos no seguinte tom: "O que você pensa sobre o que o Luís (o amigo) está fazendo com a Clara (a mulher)?" A pergunta é muito capciosa, e por isso você deve responder corretamente para virar a situação a seu favor. É recomendável que ao se referir ao conflito do casal você afirme com *segurança* que Luís agiu de maneira incorreta e inadmissível. Mas, para não parecer hipócrita, acrescente que você sabia que ele não era mais feliz com a mulher e por isso deveria ter encaminhado a relação para uma ruptura, distanciamento ou divórcio, e aí sim ter procurado uma outra mulher. Ou seja, primeiro deveria ter se separado e só então começado a tentar encontrar uma outra mulher.

Manifeste esta opinião ou qualquer outra parecida aparentando muita certeza e segurança. Assim, você estará dando à sua mulher uma sensação de tranqüilidade. Ela pensará que no dia em que você sentir algo semelhante em relação a ela, ou seja, que se em algum momento deixar de estar satisfeito com ela, também optará por uma separação e só depois irá procurar uma outra mulher. Fora disso, jamais.

Não hesite em usar este argumento, ele tem a função de acalmar sua mulher. Não cometa nunca o erro de dar razão ao homem infiel, ao Luís, mesmo que ele tenha tido motivos mais do que conhecidos e evidentes para ter agido como agiu. Aos olhos de uma mulher, não há nada que justifique a infidelidade. Se você tentar defender seu amigo, só alimentará o germe da dúvida e da desconfiança que lateja em sua mulher.

Ela passaria pelo seguinte processo mental: se ele (você) pensa que em algumas situações a infidelidade é justificada, então também poderá me trair. E, ao chegar a esta conclusão, ela sentirá sua tranqüilidade se esvair pelo ralo. Perderá o sono e ficará em estado de alerta. Começará a rastrear seus passos para saber se você também é um adúltero. Após algum tempo, vocês estarão vivendo em um clima de grande pressão, coisa naturalmente muito desagradável. Evite uma situação dessas a qualquer custo. É bem mais saudável.

Não confie em sua memória, é melhor tomar notas

Outra observação importante: você deve ser sempre coerente ao dar determinadas explicações a sua mulher, principalmente sobre histórias que envolvam datas e nomes de pessoas. Estou me referindo às desculpas que as pessoas normalmente usam quando chegam muito tarde em casa, quando dizem com quem almoçaram, quando se referem à data de uma certa viagem ou à visita a um determinado lugar, por exemplo.

Esses episódios normalmente coincidem com os dias em que você estava com a outra e foi obrigado a dar explicações, ou seja, teve que mentir para sua mulher. Todos nós conhecemos o ditado que reza que "A mentira tem pernas curtas". As pessoas costumam se esquecer rapidamente da história contada a respeito de uma determinada situação e dão, pouco depois, uma versão totalmente diferente.

Quem comete o duplo engano de confiar em sua memória e de dar explicações frágeis acaba propiciando o surgimento de histórias, confusões e contradições comprometedoras. Você tem certeza de que é um homem infiel firme, rigoroso, preciso, exato? Então, não pode nem deve confiar na sua memória. O melhor é anotar tudo em uma agenda, principalmente as datas em que você disse à sua mulher que estava fazendo tal coisa em tal lugar.

Outro cuidado fundamental: quando você informar à sua mulher que esteve em certo lugar com alguém (leia-se, a amante), anote o nome da pessoa a ser usada como álibi e vincule-a ao lugar em questão. Não se esqueça de que qualquer contradição despertará suspeitas terríveis em sua mulher.

Um arquiteto entrevistado disse que teve problemas sérios com sua mulher porque disse a ela, um dia, que havia ficado até tarde em uma reunião do clube e havia pego uma carona com Juan, um conhecido do casal, na volta para casa. Era uma coisa absolutamente plausível. Ele tinha o hábito de comparecer às tais reuniões. E Juan morava ali perto. Poucos dias depois, o erro fatal. Ele começou a reclamar da falta de interesse dos colegas de clube, disse que muitos deles não compareciam há meses às reuniões e criticou o próprio Juan, dizendo que ele havia faltado aos últimos cinco encontros. É claro que a mulher reagiu com extrema desconfiança: "Mas o Juan não estava com você naquela noite em que chegou muito tarde? Você não voltou no carro dele?" O nosso arquiteto teve que fazer muitos malabarismos para enfiar uma história na outra. Foi mais difícil do que projetar vários edifícios muito criativos.

Dê explicações plausíveis para situações incríveis

Às vezes, nem a mais cuidadosa das atitudes é capaz de evitar que aconteçam fatos ou situações difíceis de explicar. Os fatos se combinam, simplesmente, de uma forma imprevista e deságuam em situações extremamente comprometedoras. Em tais casos, convém pensar com rapidez e recorrer à criatividade para dar uma explicação plausível para o incrível. Um exemplo: um empresário entrevistado tinha uma amante e, em determinado momento, resolveu dar a ela a chave da porta dos fundos do edifício da sua empresa. Esta entrada, pouco usada, levava diretamente ao seu escritório. E aí aconteceu a tragédia que ele chamou de *experiência terrível*. No dia do seu aniversário, sem que ele soubesse, querendo lhe fazer uma surpresa, a amante chegou bem cedo na empresa, com o objetivo de lhe dar os parabéns. Os empregados ainda não haviam chegado. O atendimento ao público não começara. A amante pegou sua chave, abriu a porta, foi até o escritório e sentou-se para esperar por ele. Neste momento, entrou na sala o cunhado do nosso amigo, irmão da sua mulher. Ele era sócio da empresa e não tinha o hábito de chegar cedo ao trabalho. Mas possuía uma chave. O homem ficou absolutamente perplexo ao encontrar em uma semipenumbra uma mulher desconhecida. Uma mulher que entrara na empresa sem forçar nenhuma fechadura, ou seja, uma mulher estranha que tinha sua própria chave! Depois de ter se recuperado da surpresa, mas ainda sem saber se ela era ou não uma ladra, o cunhado resolveu perguntar quem era, o que fazia ali e, principalmente, como havia entrado. A moça, logicamente, também estava assustada. A única coisa que lhe ocorreu dizer foi que era amiga do senhor fulano (o cunhado, nosso amigo).

Por sorte, no meio do interrogatório, cada vez mais duro, a respeito de como ela havia entrado no edifício, o nosso entrevistado chegou. Ele também ficou muito surpreso, mas teve a presença de espírito de saudar efusivamente a mulher. Deu-lhe um par de beijos nas bochechas, como se costuma fazer com os amigos, e agiu como se de fato não fosse nenhuma surpresa encontrá-la ali. Logo depois fez de conta que ela era uma cliente de confiança que estava vindo de outra cidade. Disse que haviam conversado por telefone na tarde do dia anterior e que tinham combinado um encontro para a primeira hora da manhã. Por isso, explicou ao cunhado, deixara a chave do edifício com um segurança que presta serviços no quarteirão, um homem que faz ronda em troca de um pagamento mensal. Ou seja: um homem conhecido e de confiança da empresa.

Tudo isso foi explicado num lapso de 60 segundos e a amante teve que embarcar no vôo da história e confirmá-la ao desconfiado cunhado e sócio. Depois, naquele mesmo dia, para arrematar a versão, ele teve que fazer um acordo com o guarda, o qual (estimulado por uma quantidade razoável de dinheiro) garantiu que diria ao cunhado, se este viesse a perguntar, que, efetivamente, havia recebido no dia anterior a chave da empresa e a incumbência de entregá-la a uma cliente que estava vindo de uma outra cidade. A situação estava contornada.

Negue sempre olhando nos olhos

Um último recurso muito útil, a ser adotado no pior dos casos, quando as suspeitas da mulher já estão muito adiantadas e ela tem em seu poder informações fidedignas a respeito das suas andanças, é negar tudo, categoricamente.

Há casos e mais casos de mulheres traídas que foram estabelecendo, pouco a pouco, relações entre informações obtidas em diversas fontes. No princípio, há apenas uma versão mal alinhavada. Depois, versões coincidentes dadas por mais de uma pessoa. Até que elas chegam à certeza de que seus amados maridos estão dando voltas por aí. É nessa hora que elas atacam de uma vez só, apresentam ao mesmo tempo todas as informações de que dispõem e exigem a verdade. O momento é decisivo; elas esperam por uma confissão final, o último fio solto que falta para fechar a tragédia.

No fundo, elas desejam que tudo seja mentira e fofoca de pessoas que querem destruir ou prejudicar seu casamento, mas também intuem a verdade. Sabem que já há algum tempo alguma coisa está funcionando mal no relacionamento do casal. E ali estão você e a sua mulher, um na frente do outro. Ela exige a verdade com um olhar inquisitorial e você sente o coração querendo sair pela garganta.

Muitos homens infiéis não suportam a tensão desses momentos e são derrubados por eles. Reconhecem, aceitam as acusações, confessam tudo. E então o inferno entra em suas vidas. Por isso, se você, homem adúltero, não quer ser descoberto e não resolveu ainda abandonar sua parceira oficial, terá que estar preparado para lidar com uma situação desse tipo com toda a eficiência possível. Precisará agir como um infiel profissional.

Você deseja que o episódio termine a seu favor, como os examinados anteriormente? Deve, então, estar disposto (ou preparado) a exibir no momento da crise a mesma segurança absoluta que sempre exibiu durante toda a vida para sua mulher. Mantenha-se imperturbável. Olhe-a fixamente nos olhos. Não com dureza, mas diretamente. Garanta a ela, com convicção, que nada daquilo é verdade. Negue todas as acusações, olhando sempre diretamente nos seus olhos. "São mentiras vis", afirme. Nunca, por mais informações que ela apresente a respeito das suas infidelidades, caia na armadilha de acabar aceitando e reconhecendo tudo. Negue as acusações até a morte. Diga um não categórico. Tal atitude, ainda que não apague as informações que sua mulher conseguiu reunir, lançará uma sombra de dúvida sobre a veracidade das afirmações das pessoas que ela consultou e até mesmo sobre as verdadeiras intenções dessa gente.

Não é demais repetir, só se você está decidido ou pensando seriamente em deixar sua mulher é recomendável assumir ou admitir que as provas que lhe foram apresentadas são verdadeiras. Neste caso, você já deve saber que reconhecer e aceitar como procedentes tais acusações normalmente acaba em separação, divórcio ou algo parecido. Se não for essa a sua intenção, defenda-se como um gato virado de barriga para cima. Negue, veementemente, tudo, mesmo sob tortura.

10

O PERFIL DA AMANTE IDEAL

Existem perfis ideais para as diversas atividades e profissões. E existe o perfil da amante ideal. Quando se trata de conhecer outras mulheres, todo homem infiel passa a duvidar de como deve ser ou que característica precisa ter uma pessoa que possa sustentar uma relação paralela. Ele quer que ela tenha a habilidade de assumir o vínculo de tal maneira que permita a ele se sentir confortável, acomodado e realizado.

As experiências relatadas por nossos entrevistados forneceram um amplo espectro das características que as amantes ideais devem ter. Elas são detalhadas aqui.

Não está procurando um casamento

Normalmente, a partir de outras características pessoais, a amante ideal costuma ser uma pessoa que não se considera uma mulher comum, aquela que em determinado momento possa virar a mulher de um homem, logo depois se ver transformada em uma abnegada dona-de-casa e, pouco mais tarde, em uma mãe solícita. Habitualmente, são mulheres que não foram *feitas* para o casamento e, portanto, em sua própria maneira de pensar está incluída a aceitação de ser, permanentemente, a *outra*.

Aquilo que muitas mulheres (que desconhecem esta categoria) têm discutido violenta e abundantemente na realidade é isso, pois essas são as características psicológicas desse tipo de mulher. Na história pessoal dessas amantes ideais estão sempre registrados episódios ou circunstâncias que foram lentamente predispondo-as a se relacionar quase sempre dessa maneira com o sexo oposto. Cabe assinalar que não se trata, necessariamente, de episódios catastróficos. De maneira geral, estas mulheres conviveram, na infância, com conflitos familiares. Deve-se levar em consideração, também, entre outros motivos, a cota de afeto que receberam ou não de seus pais e quais foram as características predominantes na sua relação com eles. O certo é que, por mais ilógico que isso possa soar, pode-se afirmar que há mulheres com tendência a serem amantes e não esposas ou parceiras oficiais.

A prova disso está no fato de que aparecem sempre na história da vida de muitas destas mulheres homens livres, solteiros ou divorciados com os quais poderiam ter formado um casal sólido e estável. No entanto, elas sempre arranjam um jeito de fugir ou escapar desse tipo de vínculo. Elas trabalham, inexoravelmente, para acabar com a relação, fazendo algo que a destrua ou a sabotem. Mesmo nos casos em que os homens chegam a lhes propor casamento, elas não aceitam. Dão centenas de desculpas e inventam pretextos para fundamentar a recusa. Devido ao fato de que em seu modelo ideal de vida não há lugar para relações nem homens formais, o maior sonho delas é conquistar um homem proibido.

Não gosta de crianças

Como não é mãe nem uma dona-de-casa padrão, a mulher-amante ideal não tem, em geral, nenhuma ternura nem se sente atraída por crianças. É o oposto total das mulheres que sempre se dispuseram, naturalmente, a cuidar de crianças, ocupando-se no início com seus irmãos menores, em seguida com os filhos de suas irmãs e finalmente com seus próprios filhos. Mesmo no plano profissional, as mulheres deste segundo tipo praticam sua vocação maternal. Trabalham como educadoras, professoras de jardins de infância etc. As outras, por sua vez, dão preferência às atividades ou profissões que lhes permitam ter contato principalmente com pessoas adultas. E quando se trata de lidar com crianças, se vêem em maus lençóis. Não sabem sequer trocar uma fralda ou, mesmo quando sabem, detestam fazer esse tipo de tarefa. O mundo que as atrai é o dos adultos. E acham que os homens são adultos especiais.

Evita, sistematicamente, engravidar

Devido à rejeição à maternidade e seu pouco interesse pelas crianças, a mulher-amante ideal é, na maioria das vezes, uma pessoa que se cuidará de maneira rigorosa para nunca ficar grávida. Ela mesma comprará os anticoncepcionais necessários, usando-os meticulosamente. Em alguns casos, optará por soluções definitivas, como ligar as trompas, ou seja, pela esterilização.

Esta atitude da mulher dará à relação com seu companheiro um componente de segurança, tornando-a ideal. Há muitas mulheres que engravidam porque a maternidade é uma expressão do sentimento que a une ao homem. Outras usam a gravidez como um recurso para não perdê-lo. E há aquelas que conscientemente desejam criar dificuldades. A mulher ideal é diferente. Ao lado dela, não há o velho risco de que em algum momento ela fique acidentalmente grávida e inicie uma fase bastante complexa da relação.

A gravidez é um velho recurso ao qual, freqüentemente, algumas mulheres-amantes recorrem para prender os homens ou acelerar a decisão deles de abandonar suas mulheres. Em outras ocasiões, recorrem à gravidez para castigar ou agredir seus amantes, pois esta é uma maneira de fazer com que suas mulheres descubram a relação paralela, com todas as implicações e conseqüências comuns a estes casos.

O surgimento na vida de qualquer homem de uma mulher que rejeite, definitivamente, a maternidade e evite, com todo rigor, a gravidez é uma grande comodidade e uma imensa vantagem para o marido infiel.

É jovem e inexperiente

Um modelo especial de mulher, candidata a ser uma amante ideal, é a jovenzinha inexperiente, sonhadora e sentimental que sonha com uma relação que coroe a sua vida.[3]

É possível que, no começo da relação, a mulher jovem, influenciada pela sua educação, rejeite a idéia de se relacionar com um homem comprometido ou, mesmo tendo dado início a ela, não queira dar continuidade a isso. Não obstante, é muito provável que, por causa da convivência mais próxima com o homem infiel, um sedutor calejado, maduro e amante experiente, ela seja, finalmente, subjuga-

---

[3] A partir da publicação da novela *Lolita*, de Vladimir Nabokov, começou a se falar do fenômeno das *lolitas*. Essas jovens audazes e ousadas, em franco desafio às mulheres da geração anterior, têm uma grande capacidade de sedução e, por terem sido altamente beneficiadas pela natureza, são capazes de administrar todas as suas qualidades para fazer tremer as bases do mundo feminino adulto.

da e acabe se entregando docilmente. Nesse momento, a Lolita aceitará se aninhar comodamente nos braços do amante, sem sentimentos de culpa que poderiam levá-la a afastar-se desse espaço.

Trata-o como você sempre sonhou ou desejou

Às vezes o macho infiel tem a sorte de conhecer, quando menos espera, uma mulher que, naturalmente e sem esforço nenhum, tem a capacidade de lhe dar um tratamento com o qual sempre sonhara. Não são poucas as relações desse tipo que se consolidaram da noite para o dia porque os amantes, quase magicamente, tinham os mesmos gostos, preferências e afinidades. A convergência de interesses aplanará, assombrosamente, o caminho e o tempo até a construção de uma relação muito forte entre as duas pessoas.

Quando isso acontecer, os dois comentarão, surpresos: fomos apresentados há pouco tempo, mas parece que nos conhecemos e estamos juntos há muitos e muitos anos. Um dos primeiros resultados tangíveis desse tipo de química perfeita é que uma ou as duas pessoas envolvidas estarão em condições de dar à outra o tipo exato de tratamento ou atenção de que necessita, e que talvez durante muito tempo não tenham recebido na relação oficial — ou tenham até mendigado por isso.

Após receber esse tratamento tão almejado, muito dificilmente um homem enfiará na cabeça a idéia de se afastar ou de deixar a mulher alternativa. A companhia dela é muito benéfica, e este é o traço que faz com que estas mulheres sejam consideradas amantes ideais. Posso citar o exemplo de um próspero comerciante que conheci quando ainda estava casado. A mulher do homem não era má pessoa, mas não tinha paciência suficiente para cuidar de detalhes. Quando ele chegava em casa cansado do trabalho, ela nunca tinha vontade nem tempo de lhe servir o jantar preparado pelas empregadas. Nosso amigo contou, muitos anos depois, que quando ia viajar ficava com inveja dos amigos — suas mulheres os ajudavam a preparar as malas e passavam as roupas de que precisariam. Ele nunca fora tratado assim pela mulher, que deixava esses detalhes inteiramente nas mãos das empregadas. O casamento começou a acabar no dia em que o comerciante contratou uma secretária que, entre outras coisas, tinha incumbências como a de lhe servir o café, coordenar o serviço de almoço etc. Desde o começo, esta secretária (nem mais jovem nem mais bonita do que sua mulher) se destacou pela solicitude e atenção que dedicava ao seu novo chefe. Mais tarde, ele declararia com surpresa que, em pouco tempo, ela estava conhecendo-o até mais do que sua mulher. Dos pequenos e às vezes grandes detalhes das suas preferências pessoais, como a quantidade de açúcar que ele gostava de colocar na xícara de café, que tipo de sopa preferia, até quais eram os alimentos que precisava controlar por recomendação médica entre outras coisas. O mais espantoso era que a secretária demonstrava brindá-lo com esta atenção não como parte das tarefas pelas quais era paga, mas sim porque gostava de fazê-lo e se ocupava dele com agrado e sentimento de entrega.

Essas atitudes foram, lentamente, unindo as duas pessoas. Pouco a pouco o homem foi passando a se sentir melhor no escritório do que em casa. E passou a ficar cada vez até mais tarde na empresa, trabalhando ao lado da secretária, até que um dia aconteceu o que deveria acontecer. A história terminou alguns anos depois, quando o homem se divorciou, abandonou sua mulher e, não muito mais tarde, formou um casal estável com sua outrora secretária e amante. Não foi uma aventura ocasional. Ficaram juntos durante quase 15 anos, até que ele morreu vítima de uma doença que se complicou de maneira irreversível. Mas enquanto durou, nós que os conhecemos pudemos constatar que formavam um casal realmente feliz.

Procura a proteção de um homem forte

Em uma posição semelhante a da mulher-amante jovem e inexperiente está a mulher que procura a proteção de um homem forte. Neste conceito ela incluirá os homens maduros e economicamente estáveis, que lhe permitam usufruir certas comodidades e lhe dêem, sobretudo, uma sensação de proteção. Esse homem afirmativo e vitorioso transmitirá à sua amante, pela simples presença, um forte sentimento de segurança e proteção, algo que é valorizado por todo o gênero feminino (pelo menos pelas mulheres que dispõem de uma dose suficiente e adequada de saúde mental que lhes permita reconhecer esta necessidade). O fato é que algumas mulheres se sentem atraídas, exatamente, pelos fatores inerentes à condição de homem comprometido e casado: ter uma carreira bem-sucedida, ser pai e, acima de tudo, estar familiarizado com tudo aquilo que implica saber tratar as mulheres, pois vive com uma (sua mulher) há muitos anos.

Foram apresentados aqui vários aspectos do perfil ideal de uma amante. Todas essas características, na medida em que convergem para uma mulher determinada, farão você aproximar-se com mais precisão do perfil ideal. Prezado leitor, se os elementos aqui mencionados não contribuírem para facilitar sua vida e a sua infatigável procura pela amante ideal, pelo menos servirão como referências concretas na hora em que você precisar definir com clareza quais são as particularidades que não estão incluídas nesse perfil. Ou seja, você pelo menos estará sabendo como ela *não* deve ser. Boa sorte na procura.

11

COMO SER INFIEL À AMANTE

Às vezes, um homem acaba sendo infiel à própria pessoa com a qual está enganando sua mulher oficial, quer dizer, à sua amante. Este tipo de infidelidade tem várias dimensões: desde pequenas aventuras ocasionais com outras mulheres, passando por breves romances (que, uma vez concluídos, o levam de volta à sua primeira amante), até relações verdadeiras que o levarão, finalmente, a deixar a mulher oficial para viver ao lado da nova amante. Qualquer que seja a dimensão da infidelidade à sua amante, procurarei apresentar aqui algumas sugestões e recomendações sobre como deve ser conduzida esta segunda instância da infidelidade.

Uma terceira pessoa exige mais cautela

Em primeiro lugar, quando surge uma segunda amante, torna-se inegável a importância de se aumentar a cautela e os mecanismos de segurança que você já aplicava em relação à sua mulher oficial. Ora, se já é difícil esconder uma mulher, imagine o que representa esconder duas, e, além disso, pensar que há uma terceira rondando. No que diz respeito à mulher oficial, cabem em igual medida todas as recomendações até aqui formuladas a respeito das precauções destinadas a assegurar o segredo da existência de uma amante.

O erro em que incorrem muitos adúlteros é o de não dar muita importância às precauções óbvias, geralmente adotadas com a primeira amante, e relaxar em relação à existência da segunda.

Nas circunstâncias dadas, não é incomum que, depois de haver suportado durante muito tempo e com grande habilidade uma primeira relação paralela, um homem cometa erros na segunda. Isso mais cedo ou mais tarde poderá levar a mulher oficial a descobrir esta (a segunda) relação e, às vezes, inclusive até a primeira. E quando estes infiéis vocacionais sentem que tudo foi destruído, eles acabam ficando sem uma coisa e nem outra.

Lembre-se de que você deve ter muito cuidado. A mesma quantidade de zelo, cautela e precaução adotada em relação à sua mulher oficial precisa ser usada em todas e em cada uma das relações em que você se aventure.

Cuidado com sua primeira amante!

Tenha cuidado, ela conhece tudo. Acompanhou, ao longo do tempo, todas as estratégias e esforços que você desenvolveu para evitar que sua mulher oficial ficasse sabendo da relação dupla. A primeira amante é uma pessoa que conhece perfeitamente todos os truques, estratagemas e desculpas que um homem infiel tem o hábito de usar.

Você deve, realmente, ser muito criativo e audacioso para administrar uma nova relação com êxito sem que a sua primeira amante fique sabendo da existência da outra. É provável que este seja o motivo que leva a maioria dos homens infiéis a ter apenas uma amante de cada vez. Manter em segredo um vínculo paralelo exige muito esforço; quando são dois, é muito mais desgastante. Mesmo assim, acontecem casos como esse. E às vezes sem que se chegue a procurá-los deliberadamente. Você já está avisado, então, de que deve redobrar as precauções diante da sua primeira amante para que ela não descubra a existência da outra.

Uma desculpa a ser dada à primeira para poder estar com a segunda, e que geralmente é aceita, é dizer que sua mulher oficial está desconfiada e anda, ultimamente, fazendo muitas perguntas, razão pela qual será necessário mudar os horários ou a freqüência dos encontros, conforme as sugestões do capítulo que trata da administração das suspeitas de sua mulher.

Dessa forma, sua primeira amante ficará tranqüila e você irá dispor de tempo livre para se dedicar à nova amiguinha. Isso pode ser dito tranqüilamente, pois ela é a primeira interessada em impedir que sua mulher oficial descubra sua existência.

De qualquer maneira, essa desculpa só funcionará durante alguns meses. Ao longo desse tempo, é recomendável que você defina o que quer fazer com as duas pessoas. De acordo com os testemunhos recolhidos, quando um homem infiel admite aceitar uma outra amante, isso significa que alguma coisa está acontecendo na relação com a primeira.

Não quero concluir que há, necessariamente, uma crise em desenvolvimento, mas é bom refletir profundamente sobre os motivos que estão por trás da existência de um segundo vínculo paralelo. Em alguns casos, a resposta é muito simples — a segunda é uma aventura absolutamente efêmera. No entanto, em outros casos, a existência de uma segunda amante é o mais claro indicador de que está na hora de mandar a amante original para o espaço.

12

QUANDO TERMINAR A RELAÇÃO PARALELA

O amor é eterno... enquanto dura, dizem os especialistas em questões sentimentais. Este pensamento nos leva ao próximo ponto do nosso trabalho. O fato é que, embora algumas relações ou vínculos paralelos acabem virando oficiais, outros, mais cedo ou mais tarde, chegam ao final.

Não é que alguém viva procurando por essa oportunidade. Mas nós sabemos que a vida está cheia de começos e fins, é uma sucessão de encontros e despedidas. É possível que tenha acontecido com você, homem infiel: uma amante entrou de repente em sua vida e trouxe muitas coisas belas à sua existência. E um dia, da mesma forma que chegou, foi embora. É a lei da vida.

Por isso, é saudável e sensato assumir abertamente que isso poderá acontecer. Melhor do que fugir é lidar com o tema, enfrentar o assunto com franqueza procurando identificar, antecipadamente, as prováveis causas que poderão levar à ruptura. Aqui se aprofunda a idéia de que diante do provável surgimento de determinadas situações é recomendável e conveniente pôr um ponto final na relação com a amante, seja esta a primeira, a segunda, ou qualquer outra que se encontre na sua vida. Os detalhes dos fatos possíveis é a matéria dos tópicos seguintes.

Quando ela se torna exigente

Uma das razões pelas quais se recomenda começar a pensar seriamente em terminar a relação com a amante é a impaciência que ela está começando a demonstrar com você, com o tempo que lhe destina, a freqüência de seus encontros e, até mesmo, com aquilo que você pode ou não lhe dar.

À medida que ela for ficando mais exigente em relação a essas questões, você irá gradualmente, como seria de se esperar, se sentir pressionado e incomodado. Recordemos que algumas das características da amante ideal são a flexibilidade, a paciência e a compreensão em relação à sua atitude no que diz respeito a certos temas vinculados a ela — que entre vocês, como já estava previsto, estará sempre a mulher oficial. Assim, portanto, quando sua amante começar a dar sinais de rigidez e intolerância, fique certo: chegou a hora de dar por terminada a relação. Não hesite ou fraqueje ao pensar nesta decisão. Não importa se ela é muito bonita, muito jovem, muito ardente ou muito especial. Lembre-se de que você se refugiou em seus braços para viver melhor do que com sua mulher oficial; portanto, se você admitir que a relação paralela possa ser pior do que a primeira, certamente estará fazendo um péssimo negócio. Assim, quando a situação mencionada se apresentar será porque chegou a hora de tomar rapidamente uma decisão que esteja à altura do problema.

Quando ameaça contar tudo

É um fato que está associado à causa anterior. Em certas ocasiões, uma amante exigente e insatisfeita recorre a métodos como a chantagem emocional, ameaçando contar tudo a sua esposa, apresentar-lhe provas que certifiquem a existência da relação paralela. Geralmente, tais provas são fotografias, cartas e outras informações estratégicas que ela administra.

Este é o momento em que é preciso examinar com clareza a possibilidade de destruir evidências que possam ser apresentadas à sua mulher oficial.

A amante começou a fazer ameaças? A primeira coisa a fazer nesse caso é um claro diagnóstico sobre as possibilidades reais de ela levá-las adiante. Para isso, não há ninguém melhor do que você, que conhece seu caráter e seu temperamento. É provável que você possa identificar com clareza o que ela será capaz ou não de fazer. Se o seu diagnóstico indica que é provável que ela cumpra a ameaça, adote, então, uma estratégia conciliadora, mas decisiva. Procure se aproximar e acalme seus ânimos.

Converse com ela com muito cuidado, procure fazer com que raciocine e, sobretudo, se lhe parecer necessário, também recorra à chantagem emocional. Uma maneira de fazer isso é deixar claro que as pessoas que mais sofrerão com a ação dela (a de fazer com que sua mulher fique sabendo) serão os seus filhos, aos quais, talvez neste momento, ela também já esteja vinculada sentimentalmente, pelo simples fato de serem seus filhos. Ainda que não os conheça pessoalmente.

Este método é quase infalível. Por mais irritada ou chateada que uma mulher esteja com seu amante, será muito difícil para ela adotar, consciente e deliberadamente, atitudes que resultem em prejuízo ou danos a seus filhos. É uma coisa humana, feminina.

Passado o momento de maior risco, procure o melhor momento para a ruptura. Trabalhe pouco a pouco a atitude da sua amante, procure afastar sua predisposição em não terminar a relação. Você terá que ter, sem dúvida, uma dose muito alta de paciência, mas o benefício obtido com os resultados valerá a pena o esforço. Se, pelo contrário, depois do seu diagnóstico você concluir que por causa do seu temperamento ou características similares sua amante será incapaz de cumprir a ameaça de informar tudo à sua mulher oficial, simplesmente afaste-se dela e dê a relação por terminada.

Em todo caso, na última conversa, e de maneira precavida, também a faça emocionalmente responsável pela dor que seus filhos experimentariam se ela levasse adiante as ameaças. A diferença, neste caso, é que o grau de esforço a ser investido em tentar fazê-la recuperar a razão será menor do que no caso de uma mulher que está decidida a pegar em armas.

Quando você tem uma nova amante

Como mencionamos no capítulo intitulado "Como ser infiel à amante", não são raras as vezes em que no meio de uma relação paralela você conhece uma pessoa que igualmente o sensibiliza e se aproxima dela com tudo o que isso implica. Não é que seja impossível ter duas amantes de uma só vez. Partamos da suposição que você talvez não se sinta com tempo e energias suficientes para carregar o que, na verdade, seriam três relações (duas paralelas e uma oficial).

Portanto, se for essa a situação, será também a hora de despedir-se da antiga amante e entregar-se plenamente à nova. Em todo caso, recomendamos cautela e prudência no encerramento da relação paralela anterior. Uma mulher triste ou magoada que era um carneiro manso pode virar uma leoa ferida ensandecida.

Quando tenta estratégias inadequadas

O sinal de que chegou a hora de terminar uma relação paralela é quando sua amante começa a agir, insistentemente, para prendê-lo de vez usando estratégias que podem ser qualificadas de inadequadas ou, em certos casos, até de perversas.

As estratégias adequadas são ações positivas, cujos resultados geram em você uma sensação de conforto, prazer e bem-estar, quer dizer, são boas e saudáveis. As estratégias inadequadas são ações que trazem tensões, aborrecimentos e incômodos. Vamos examinar algumas delas.

O primeiro tipo de ação passível de ser analisado a partir dessa lógica está relacionado a uma (suposta) gravidez.[4] Nessa perspectiva, aparecem vários sintomas: sucessivos e repetidos atrasos da menstruação, náuseas e vômitos sem base real, e até uma resistência clara a se submeter a exames clínicos que possam descartar ou confirmar a existência da gravidez. Esses são atos normalmente executados por uma amante que está começando a querer agarrar (definitivamente e a qualquer preço) o companheiro. São recursos empregados geralmente por mulheres que sabem ou intuem a nobreza de seus amantes, têm consciência de que eles seriam incapazes de abandonar ou de não assumir a responsabilidade de um filho, mesmo no caso deste ser concebido num vínculo extraconjugal.

Quando elas sabem que o amante é muito insensível e extremamente irresponsável, em geral não costumam lançar mão de tais recursos.

---

[4] Neste caso, assumir a gravidez da sua amante, ou seja, a possibilidade de que ela conceba um filho seu, tem para você uma conotação negativa. Trata-se de uma decisão que não foi tomada pelos dois, quer dizer, de uma coisa que você não deseja (pelo menos não no momento em que ela deseja). É uma decisão que você considera no mínimo prematura.

Mas se você é uma pessoa cujas características individuais indicam que ficará bastante comprometido com uma relação que lhe traga um filho, e tem cuidado para que esta possibilidade não seja usada contra você, não tenha dúvida — comece a procurar uma saída para terminar a relação com a amante.

Uma segunda estratégia que ela poderá ser capaz de usar para prendê-lo é a de *simular* tentativas de suicídio. São muitas as histórias aparentemente reais de ingestão de pílulas, de pulsos cortados, entre outras.

É claro que tais atitudes são bastante assustadoras. Elas levam, com muita freqüência, à hospitalização da suposta suicida.

Mas quando conseguimos enxergar além das aparências, percebemos a presença contundente de sinais claros de que as tentativas aparentemente, malsucedidas, eram, na realidade, meras simulações. A amante não tinha, no fundo, a firme decisão de chegar ao objetivo supostamente estabelecido, ou seja, morrer.

De fato, ao examinar algumas formas que as mulheres costumam escolher para tentar se suicidar pudemos dissecar um a um sinais indicadores de que aquelas ações eram, na realidade, simulações.

Ameaças ou avisos prévios

As primeiras atitudes típicas de uma pessoa que está prestes a simular um suicídio são as ameaças concretas, os avisos antecipados. Nesta categoria estão as insinuações feitas por uma amante. Ao discutir com você, ela avisa que se não conseguir atingir um determinado objetivo ou realizar um certo desejo (por exemplo, o de que você se separe da mulher e passe a viver com ela), poderá acabar se matando.

A respeito disso, é possível esclarecer mais uma coisa: uma pessoa que tenha tomado a firme decisão de acabar com sua existência não diz isso a ninguém com antecipação, justamente para evitar, por todos os meios, que a impeçam. Ou melhor, o que ela faz é manter sua decisão em segredo e esperar o melhor momento para cumprir seu intento. Quando encontrar o lugar, o meio e o momento adequados, esta pessoa se matará, silenciosamente. Em suma, o que alguns suicidas costumam fazer é deixar uma carta explicando sua decisão. Mas alguém que apenas ameaça fazê-lo repetidamente está, na verdade, usando o recurso para fazer chantagem emocional.

Ainda assim, não se pode deixar de afirmar que diante de tais ameaças não é saudável adotar uma estratégia desafiadora ou duvidar de que ela será cumprida. Você não deve dizer à sua amante uma frase como esta: "Quero ver se você tem coragem." Em certos casos, esse desafio pode ser o empurrão que uma pessoa, cuja alma não anda bem ou que em certas ocasiões é dominada pelos impulsos, está esperando para animar-se a executar a tal ameaça.

O recomendável é enfrentar a ameaça verbal apelando ao raciocínio e ao comportamento da pessoa. Tentar fazer com que ela veja que esse caminho não resolverá nenhum problema, e que ele apenas entristeceria muitas pessoas (entre outras, você, a família dela, seus filhos e outras pessoas).

Cortes ou feridas auto-inflingidas

Algumas regiões do corpo sangram profusamente, mas as feridas nem sempre são graves. Os pulsos, por exemplo, uma zona de trânsito de veias delicadas, precisam ser cortados em lugares bastante precisos para que sejam produzidas hemorragias fatais.

Muitas pessoas que simulam suicidar-se cortam os pulsos em uma direção paralela às veias, e não na transversal. Isso produz uma ferida que sangra copiosamente, mas não compromete de maneira séria a existência da pessoa, pois não afeta nem destrói a integridade das artérias principais. A mesma coisa pode ser dita a respeito das feridas produzidas na zona do colo.

Ingestão de pílulas

Este é outro recurso que algumas mulheres escolhem para ensaiar uma simulação. De fato, o que costuma acontecer nesses casos, por exemplo, é que se o número de pílulas ingeridas é abundante, elas não são perigosas e sua composição química não é letal e nem mesmo tóxica para as pessoas que as ingerem.

Outra variante consiste em ingerir pílulas perigosas, ainda que em quantidade necessária para provocar apenas certos desarranjos digestivos ou estomacais, levar à perda da consciência ou outras consequências semelhantes; assustadoras, mas inconseqüentes.

Chegamos, finalmente, ao caso da fingidora que utiliza a variável do tempo a seu favor. Ela ingere a quantidade exata de uma dose que poderia ser letal, mas só o faz quando tem certeza de que alguém chegará (quem sabe, por acaso, seu amante) e ao encontrá-la terá tempo suficiente para chamar a ambulância e salvar sua vida. Como se percebe, nesta categoria sempre se pode detectar o sinal que revela a simulação.

13

COMO TERMINAR A RELAÇÃO PARALELA

Não importam os motivos, o certo é que estamos nos momentos finais. Chegou mesmo a hora de terminar a relação com sua amante. Nesse momento, assim como no início e ao longo de todo o seu transcurso, também é importante recorrer a certas técnicas para garantir que o final seja o melhor possível, sem ressentimentos (só os mínimos possíveis). O ideal é tentar resgatar os aspectos positivos que serão deixados por tudo o que se viveu.

As idéias seguintes podem ser usadas nesse processo. Elas estão divididas conforme o tipo de circunstâncias que levam à dissolução da relação paralela.

O fim de uma relação em circunstâncias ordinárias e extraordinárias

Estas circunstâncias são aquelas que você simplesmente optou por usar para terminar a relação sem qualquer motivo especial. Pode ter descoberto que ama profundamente a sua mulher oficial; talvez tenha uma nova amante; está cansado de levar uma vida dupla. O fato concreto é que a sua amante não tem criado problemas muito sérios.

A dificuldade desta situação está no fato de que devemos ser muito cuidadosos para evitar ferir a amante. Ela não fez nada de ruim que pudesse alicerçar sua decisão de terminar. E tem mais, talvez ela nem sequer esteja esperando que você tome tal decisão. A melhor estratégia a ser usada neste tipo de situação é denominada processo de "cozinhar a rã", uma metáfora dos monges tibetanos. Eles dizem que quando você joga uma rã viva na água fervente, ela, com toda a certeza, acaba pulando, aterrorizada, da panela em que deveria ser fervida e consegue escapar da morte certa.

A estratégia a ser adotada é a seguinte: você coloca a rã na água em temperatura ambiente e vai aumentando, gradualmente, o calor. Em determinado momento, a rã perceberá que alguma coisa mudou, mas como a progressão é gradual a sensação de incômodo não será muito grande. E ela ficará quietinha no recipiente que está sendo aquecido. Algum tempo depois, quando a água estiver fervendo, a rã morrerá, inevitavelmente. Ou seja, trazendo o exemplo ao seu caso, isso significa que você poderá começar a mencionar, gradualmente, à sua amante a possibilidade de que um dia tenham que se separar.

Um macho infiel entrevistado relatou que nos últimos tempos de uma de suas relações paralelas costumava ter longas conversas filosóficas com a amante. Abordava o tema pelo lado dos limites naturais da vida: o nascimento, a morte, o fim das estações, o dia e a noite. Depois, quando a amante já estava demonstrando que entendia esses fenômenos, ele começava a falar da relação entre os dois, indicando que eles também teriam que se separar um dia, por causas naturais ou por decisão própria.

Logicamente, no princípio, esse tipo de comentário deixava a interlocutora do nosso entrevistado incomodada, mas, aos poucos — como ele mesmo disse —, ela foi assimilando o tema. Até que chegou, finalmente, o dia em que ele acreditou que era o momento de apresentar abertamente o tema. Em outras palavras, a técnica consiste em sensibilizar pouco a pouco a outra sobre o assunto e acabar fazendo a proposta concreta: terminar a relação.

Recomenda-se, também, ressaltar sempre o aspecto positivo da decisão. É verdade que toda separação é dolorosa para quem participa dela, mas convém sempre enfatizar que a experiência foi muito positiva para a vida dos dois e mostrar como ela preencheu e alegrará para sempre, por meio das recordações, a vida dos amantes que se afastam.

Convide sua amante a afastar-se de você com alegria. Nada de tristeza. Peça-lhe que celebre tudo o que você lhe deu, todas aquelas coisas que ela valoriza e aprecia. Incentive-a a guardar na memória e no coração os maravilhosos momentos passados ao seu lado e a sentir que vocês enriqueceram suas vidas para sempre, não importando o fato de que não estarão mais juntos, fisicamente.

Quanto aos motivos, você pode usar como pretexto algumas das causas analisadas no capítulo intitulado "Quando terminar a relação paralela". As razões podem não ser exatamente estas, mas trata-se, sempre, de atitudes da sua amante que você considerou incômodas, desagradáveis ou até mesmo ofensivas. Neste caso, a estratégia de "ferver a rã" não deve ser usada. É preferível ir diretamente ao ponto.

Qualquer pessoa que fez uma coisa ruim sabe, por necessidade humana de retratação, que ações negativas costumam deixar a porta aberta para reações nem sempre agradáveis. Em suma, às vezes não queremos aceitar a resposta, mas no fundo sabemos que ela é justa e razoável. Essa regra também se aplica à sua amante. Se ela fez alguma coisa, se praticou uma série de atos que afrontaram fortemente as suas expectativas, foram dados a você o direito e a oportunidade de encaminhar, equilibradamente, a relação para a ruptura (se era esse o seu desejo, evidentemente).

Lembre-a de suas atitudes, consumadas ou frustradas. Pergunte como ela se sente por ter feito o que fez, por ter agido de uma maneira que só poderia levá-lo a decidir acabar com a relação. Diga, com firmeza, como você está incomodado, como está se sentindo mal em relação a tudo isso. Pergunte o que ela faria se estivesse em seu lugar e você fizesse uma coisa que a aborrecesse. Afirme que você não é incapaz de perdoá-la, mas já fez tudo o que era possível. Mostre que se você permanecer a seu lado depois de tudo o que aconteceu será o mesmo que admitir que tem prazer, precisa ou deseja ser agredido e ofendido — algo que não pode admitir porque não é verdade. Diga que você tem auto-estima suficiente para não permitir que isso continue acontecendo. Defenda, com veemência, a tese de que esse tipo de relação não é saudável.

No final, diga que é por tudo isso que vocês devem se separar. Deixe claro que você não a está deixando ou abandonando. Afirme que são vocês dois que estão se separando, porque a vida em casal é algo de duas pessoas e tudo o que nela acontece é obra de ambos.

Depois dessas palavras, é possível que ela ainda resista tenazmente, e até recorra a uma série de manhas e artifícios, mas tudo isso era previsível. Você deve estar mentalmente preparado para escutá-la e sustentar suas posições.

Enfie na cabeça que vai ser assim e se programe para enfrentar as dificuldades. Não permita que nada do que ela diga ou faça leve-o a se desviar da sua decisão de terminar a relação, sobretudo porque é assim que você quer.

Estou dizendo isso porque também é necessário admitir a possibilidade de que as pressões da sua amante acabem sensibilizando-o e você queira, de repente, rever sua decisão de terminar com ela. Se isso acontecer, não se sinta mal.

Afinal, é você quem decide. Ninguém poderá julgá-lo por isso, nem seus amigos, conhecidos ou vizinhos. Ninguém.

A única pessoa que dorme e acorda com as conseqüências dos nossos atos somos nós mesmos; portanto, ninguém poderá estar totalmente no nosso lugar ou julgar-nos pelas nossas decisões. Só nós sabemos o que sentimos em determinadas circunstâncias e por isso só nós mesmos podemos decidir o que é mais conveniente para nossa vida.

Para terminar as considerações sobre a segunda circunstância na qual poderá ocorrer o final da relação, a sugestão é a de que você procure ter certeza de que ela vai embora se sentindo bem. No presente caso, também se deve levar em conta a estratégia sugerida para a separação ordinária. Insisto que é importante evitar a dor, a tristeza e o sofrimento. Ressalte apenas os aspectos agradáveis e positivos da relação, usando os mesmos argumentos indicados para a outra situação.

Três recomendações finais

Leve tudo o que poderia comprometê-lo

Uma vez consumada a separação, procure checar se você adotou uma série de procedimentos que têm o objetivo de garantir que a relação paralela acabe em um clima de paz e harmonia. E ter paz e harmonia significa atingir a meta mais importante — evitar que sua mulher oficial fique sabendo de tudo. É extremamente importante que você faça um inventário detalhado de todos os seus pertences, objetos e utensílios que ficaram em poder da sua amante ou guardados no apartamento que compartilharam.

Tenha certeza de que você recolheu, guardou e levou pessoalmente todos os objetos de sua propriedade. Não dê chance ao azar. Qualquer peça que possa ser reconhecida como sua e sua mulher ou alguém ligado a ela (seus parentes, por exemplo) possa identificar será uma perigosa evidência de que algo acontecia naquele lugar.

Trabalhe a memória, vasculhe as gavetas, procure sob os armários, rasteje debaixo da cama. Não deixe de olhar canto nenhum, procure objetos que um dia poderão delatá-lo. Nem é preciso falar de inoportunas fotografias dos dois passeando juntos, se beijando ou abraçados. Nem é necessário falar de vídeos ou fotografias de vocês fazendo sexo! Seria um desastre total. Localize e destrua tudo. Sem pena nem perdão.

Não é necessário que o rastreamento seja feito na frente da ex-amante. Diga-lhe que é necessário agir assim, que você precisa levar tudo com você. E se, por motivos sentimentais, quiser guardar em vez de destruir, como seria correto, alguma coisa, enfie-a em uma gaveta segura do seu escritório ou em qualquer outro lugar ao qual só você tenha acesso (o cofre de um banco, por exemplo). Mas nunca, nunca, por motivo nenhum, guarde qualquer objeto em sua casa.

E também não entregue nada em custódia. Ninguém, nenhum amigo, conhecido, parente ou assemelhado pode ter acesso a esses objetos. Lembre-se de que as pessoas mudam. Quem hoje é nosso amigo íntimo, nosso confidente, poderá amanhã querer nos destruir. Uma pessoa que tivesse em suas mãos provas como essas teria à sua disposição armas mortais para usar contra a gente no dia que bem lhe aprouvesse.

Em caso extremo, se você não tem um lugar seguro para guardar suas doces recordações, mude de idéia e se desfaça de tudo. Atire os objetos no rio, enterre-os, queime-os, destrua-os.

Corte a relação definitivamente

Se você rompeu com sua amante, deve estar disposto a manter o distanciamento, aconteça o que acontecer. É quase certo que você sentirá saudades dos maravilhosos momentos que passaram juntos. Por isso, procure alternativas para preencher o inevitável vazio: pratique esportes, cuide da esposa, arranje outra amante, mas nada poderá levá-lo a ceder à tremenda vontade de correr de volta para a cama da ex-amante.

Não sucumba à tentação. Se o fizer, estará perdido, sobretudo porque estará deixando claro que não pode viver nem ficar longe dela ou qualquer bobagem parecida. Por isso, é importante que você gaste muito tempo analisando, de maneira objetiva, a decisão, antes de torná-la definitiva. No entanto, uma vez tomada a atitude, será necessário sustentá-la, custe o que custar.

Uma recomendação semelhante deve ser feita a respeito das previsíveis tentativas que sua ex-amante fará para que vocês voltem a se encontrar. Esta é, possivelmente, a parte mais difícil da história. Ela o conhece, sabe das suas fraquezas e das suas preferências, sabe qual é a cor da roupa íntima que você quer que ela use para excitá-lo, qual é o seu prato preferido, de que tipo de filme você gosta etc.

Ela usará, provavelmente, todos estes artifícios para provocar um novo encontro. Não é possível predizer quando isso acontecerá. Alguns entrevistados afirmaram que foram procurados pelas suas ex-amantes no dia seguinte ao do rompimento; outros, meses depois. O certo é que você não deve ficar surpreso se ela, mesmo tendo aceitado a separação, iniciar depois vários esforços para que vocês se reconciliem ou, pelo menos, tenham encontros furtivos, esporádicos. Lembre-se de que você não deve ceder. Persevere e, para sua segurança, mantenha bem fechado o zíper das suas calças!

Sugestões operacionais

Se ela ligar para o seu escritório, oriente sua secretária a dizer que você está em reunião. Se insistir, atenda-a e recorde, com firme cortesia, que vocês resolveram se separar de comum acordo. Se deixar mensagens em seu telefone celular, depois de ouvi-las, apague-as, mas não responda. Aliás, não responda a nenhum tipo de mensagem. Se ela enviar cartas ou bilhetes, rasgue-os depois de lê-los. Aja como se nunca os tivesse recebido. Se em algum desses comunicados ela fizer ameaças de que irá contar tudo a sua mulher, ligue para ela ou a procure, mas, quando estiverem em contato, fale com franqueza e insista em que o mais importante é não deteriorar a bela lembrança que vocês devem guardar da relação. Não use nunca um tom ameaçador para falar com ela. É provável que a essa altura, depois de várias tentativas cansativas, ela, assim como você, também estará chateada e emocionalmente predisposta, esperando por algum sinal seu que respalde sua decisão de começar a guerra.

Não entregue este pretexto na bandeja. Em vez disso, adote uma postura diplomática e apele para o bom senso. Procure, firmemente, fazer com que ela entenda que deve parar de pressioná-lo, diga que nada que ela faça ou ameace fazer modificará a realidade nem a decisão que ambos tomaram de comum acordo.

14

Conclusão

O enfoque adotado neste trabalho

Ao cruzar o umbral desta modesta contribuição à melhor administração da infidelidade por parte de seus principais protagonistas, gostaria de ressaltar alguns aspectos importantes a quem teve a coragem de ler página após página este conjunto de idéias.

Como assinalei na introdução, ao contrário do que possa parecer a mais de um leitor, este trabalho não defende a infidelidade como um modo de vida, ou valor a ser adotado e louvado. O que pretendi fazer foi refletir sobre uma realidade atual, árdua, polêmica, mas, enfim, realidade. Considero que os tempos atuais exigem que se examine certos temas que eram ocultados, negados ou encarados de maneira mórbida. Foi isso que me levou a escrever com franqueza e até mesmo com cru realismo. Senti que, de uma certa maneira, agi como os repórteres policiais, que, às vezes, têm o amargo dever de levar ao conhecimento público os fatos duros e difíceis da vida.

Atrevi-me a seguir adiante, adivinhando as críticas e objeções, ignorando a probabilidade de que acabaria sendo alvo da animosidade de algumas pessoas. Não obstante, considero que uma sociedade medianamente madura e sã deve achar que a aceitação da realidade é uma condição básica para seu pleno funcionamento.

Nesse sentido, antes de fazer uma apologia de um modo de vida, simplesmente apontei sua existência e caminhei por suas vielas de maneira honesta e sincera. Para concluir, é necessário saber que a infidelidade de um homem à sua mulher é, e sempre será, uma decisão pessoal. Não é uma coisa imposta de fora, nem um fato que acontece casual ou involuntariamente. A infidelidade é produto de uma série de fatores que encontram sua gênese na pessoa que escolhe este modo de vida.

Requisitos para a vida adúltera

Outra observação que precisa ser feita agora, na conclusão deste trabalho, é que a infidelidade é uma coisa que deve ser realizada com método e planejamento. Os leitores devem ter percebido que todas as táticas sugeridas por nossos entrevistados têm uma coisa em comum: a exigência de um alto padrão técnico e estratégico. O homem infiel precisa desenvolver um perfil que lhe permita fazer previsões muito precisas, pois só assim atingirá plenamente seus objetivos.

Os homens que pretendam ser impunemente infiéis devem se preparar mentalmente para agir como uma pessoa analítica, previdente e profundamente detalhista. É provável que muitos possam atender a estas exigências com facilidade. Mas há outros que talvez tivessem uma visão mais romântica da prática da infidelidade, que acreditavam que um homem poderia ser impunemente infiel sem que fosse preciso adotar uma série de precauções. Estes foram apresentados a sugestões úteis e desafiadoras. Estou em condições de afirmar que só agindo com cuidado milimétrico será possível garantir a sobrevivência de uma relação extraconjugal e levar adiante essa opção de vida.

A infidelidade é um sintoma

Para terminar, não podemos deixar de assinalar que a ocorrência de episódios de infidelidade na vida de qualquer pessoa deve ser considerada, inequivocamente, um sinal de advertência. Ele deve ser encarado como a erupção de uma série de sintomas de verdades pessoais que necessitam ser, honesta e profundamente, examinadas individualmente ou com a ajuda de terceiros.

De fato, quando uma pessoa comprometida com uma relação oficial aceita ou procura estabelecer relações paralelas fica evidente que alguma coisa não vai muito bem no seu principal vínculo afetivo, não importa que nome ele tenha, casamento ou vida a dois. A esse respeito, não podemos deixar de dizer, claramente, que para muitas pessoas a aceitação de uma amante é um mecanismo defensivo que evita que sejam obrigadas a encarar de frente que é possível que seus casamentos estejam mortos, arruinados ou em crise.

Em alguns casos, as pessoas que têm amante estão apenas tentando se divertir, oxigenar-se emocionalmente. As amantes atuam como válvulas de escape ou contribuem para a relação oficial, fornecendo, talvez colateralmente, o combustível passional necessário à sua sustentação. Enfim, são o sopro de ar que provavelmente não é mais possível encontrar em casa.

Acreditamos, também, que não entramos em nenhum momento em contradição com o que foi manifestado no início deste trabalho a respeito da tendência natural à infidelidade existente nas pessoas.

Acreditamos que os dois pontos de vista são inteiramente compatíveis. Basta considerar que uma coisa são as tendências herdadas geneticamente, que podem ser ou não exteriorizadas, desenvolvidas ou assumidas pelas pessoas. E que outra coisa é a decisão (mesmo que ela vá contra sua própria natureza) tomada por vários homens que preferem ser fiéis, pois se sentem, afortunadamente, satisfeitos e têm prazer de viver ao lado da mulher.

De qualquer maneira, também não podemos concluir estas digressões sem mencionar que há casos em que a conduta infiel levará à conclusão — às vezes dolorosa — de que uma pessoa não é feliz com sua mulher atual, o que, portanto, os empurrará obrigatoriamente para decisões vinculadas à ruptura, à separação e ao divórcio.

Comprometo-me, desde já, a desenvolver um trabalho sobre o difícil processo que é lidar, gradualmente (mas com uma firmeza cada vez maior), com as questões que dizem respeito ao futuro de uma relação matrimonial. Tratarei, como opção, da delicada decisão de terminar uma relação, separar-se ou se divorciar. Este, realmente, é um tema que requer um novo enfoque. Na verdade, eu gostaria de colocá-lo em suas mãos, prezado leitor ou leitora. Despeço-me, cordialmente, por aqui. Agradeço ao seu interesse por este tema e espero que você consiga atingir o desejo tão humano que é a busca da felicidade pessoal e da realização existencial plena.

Este livro foi composto na tipologia Agaramond,
em corpo 12/14,6, impresso em papel off-set 90g/m2,
no Sistema Cameron da Divisão Gráfica
da Distribuidora Record.